シリーズ〈データの科学〉**4**

心を測る
個と集団の意識の科学——

吉野諒三 著

朝倉書店

刊行のことば

　データ解析というとデータハンドリングを思い浮かべる人が多い．つまり，それはデータを操って何かを取り出す単なる職人的な仕事という意味を含んでいる．データ科学もその一種だろうと思う人もいる．確かに，通常のデータ解析の本やデータマイニングの本をみると正にデータハンドリングにすぎないものが多い．

　しかし，ここでいう「データの科学」（または「データ科学」）はそうではない．データによって現象を理解することを狙うものである．データの科学はデータという道具を使って現象を解明する方法論・方法・理論を講究する学問である．単なる数式やモデルづくり，コンピュータソフトではない．データをどうとり，どう分析して，知見を得つつ現象を解明するかということに関与するすべてのものを含んでいるのである．科学とデータの関係が永遠であるように，データの科学は陳腐化することのない，常に発展し続ける学問である．

　データの科学はこのように絶えず発展しているので，これを本としてまとめ上げるのは難しい．どこか不満足は残るがやむをえない．本シリーズの執筆者はデータの科学を日々体験している研究者である．こうしたなかから，何が今日の読者に対して必要か，それぞれの業務や研究に示唆を与え得るかという観点からまとめ上げたものである．具体例が多いのは体験し自信のあるもののみを述べたものだからである．右から左へその方法を同じ現象にあてはめ得る実用書のようなものを期待されたら，そのことがすでにデータの科学に反しているのである．「いま自分はどう考えて仕事を進めたらよいか」という課題は，いわば闇の中でその出口を探そうとするようなもので，本シリーズの書は，そのときの手に持った照明燈のようなものであると思っていただきたい．体験し，実行し，出口を見いだし，成果を上げるのは読者自身なのである．

シリーズ監修者
林　知己夫

まえがき

　本書は「データの科学」の視点から書かれた一連の著作のうちの一つであり，特に「意識の国際比較調査」の実践的方法論に焦点を当てている．ここで，私は「データの科学」とは特定の具体的現象を自分が理解し，その結果を他人に理解してもらう，「わかる」ためのデータ解析と考えている．

　私は，本来，数理心理学の分野の出身である．心理学では，周知のように，複雑な現象を扱い，観測や実験によりデータ収集を行う．そのようなデータに対して，もっともらしいパラメーターを次々と導入し，当てはまりのよい数式モデルをつくり上げても，少しの条件の変化でかなりデータが変動することもあり，そのたびごとにパラメーターを修正して対処するような方法では，結局，予測や制御の役には立たないであろう．実際，これが1940〜50年代の心理学においてみられた数理モデル構成のアプローチの失敗であった．現代の数理心理学は，この失敗から学び，データに対する数式の当てはめなどではなく，「現実」を理解するために用いる「規準」としての広い意味での数理モデル（統計分析，グラフ表示などを含む）をつくり上げることを目指している．たとえていうならば，「現実」が複雑な曲線である場合に，その着目点に「接線」という単純な直線を引き，それを「規準」とみて，現実のどの側面がどれほどその規準から離れているかを測るという方法論を採るのである．このとき，「接線」は現実の一次近似ではなく，比較のための「規準」としてとらえられるのである．

　この考えは，実は心理学のみならず，科学一般の方法論につながっているのではないかと，私は考える．これを，図のように「観測対象」と「観測者」とその「表現」の間の相互規定の関係のなかでとらえるのが適当に思える．この図式のなかで，「表現」には広く世界観から数理モデルや理論，グラフ表示等まで含まれる．逆にいうと，どのような「表現」を採るかによって，われわれの現象の理解が促進されるとともに，制限も受けることに注意が必要である．

まえがき

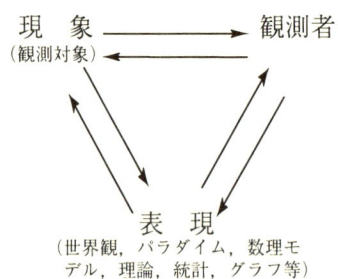

自らの不用意な「表現」の採用に原因があるのに，データと理論の矛盾やパラドクスを発見したと騒いでいる人々も少なくないのである．

本書のタイトルは『心を測る　個と集団の意識の科学——』となっているが，これに2つの側面からの注意を与えよう．一つは人間集団の「認知と行動」の観測のレベルの側面であり，もう一つは「標本抽出」という方法論の側面である．

本書で取り扱う社会調査では，各調査員が各回答者に個別に対面調査することによって，各質問項目に対する回答データを収集する．これは図のなかでは，回答者という観測対象が，調査員という観測者の提示する調査票の質問項目に対する回答という「表現」の枠組みのなかで考えることができる（調査員たちをも観測対象に含める視点もありうるが，ここでは議論を簡単にしておこう）．この場合，表面上，調査したいのは「回答者の心」であろうが，実際に観測されるのは「質問に対する反応」である．回答者は，調査員からの質問を頭のなかで解釈し，関連する記憶情報を検索し，回答をつくり出そうとし，またその回答を目前の調査員にそのまま答えてよいか，いわば自己検閲した後に，口頭で答える．この間わずか数秒であろうが，複雑な認知的プロセスが遂行されるのである．しかし，「回答」はその複雑な認知を直接に表しているのではなく，あくまでも回答者の「反応」という行動のレベルでのデータなのである．したがって，これは回答者の意識や心そのものではなく，外に表明された意見や態度，価値観なのである．この点をおさえてデータ解析がなされなければならない．

また，個々の回答者の回答データは集積され，集団全体の特性づけを発見することが期待される．国民全体のような大集団の各構成員すべてからデータ収集することは，労力や時間を含めたコストが膨大になり現実的ではない．その

ため，大集団の一部ではあるが，偏りのない「代表標本」を抽出することが重要となる．これが個と集団を結ぶ鍵となる．この点に関して，2つの示唆的な過去の調査研究に触れておこう．

一つは，同じ質問を同じ集団（サンプル）にある一定期間，例えば数週間や数か月おいて，繰り返し尋ねる「パネル調査」である．通常，社会の短期的変化にそれほど敏感ではないであろうと思われるような価値観や意識の調査でも，項目にもよるが，個々の回答者のレベルでみると，30～50%程度の人々が自分の回答のYes/Noを変えてしまうこともあるのがわかっている（統計数理研究所・研究リポートNo.26, 49, 52）．しかし，これを集団全体でみると，総計のYes/Noの変動はわずかに数%程度であった．つまり，個々の人々の意識はかなり変動しているかもしれないが，集団全体としてはかなり安定した傾向を示しているということである．これは，原子内で原子核を中心する電子は常に軌道から軌道へと激しく変動していても，原子全体としては安定した構造をもっていることを連想させる．

個と集団に関するもう一つの興味ある事柄は，「おはじき調査」と呼ばれる社会調査のなかで見つけられた事実である．ある質問について，回答者に2つの対立する意見A，Bへの賛成の程度を，おはじきの例えば5つをA，Bのおのおのに分配することを課すのである．完全にAに賛成ならば「A=5；B=0」で，逆に完全にBに賛成ならば「A=0；B=5」となるのであるが，ほとんどの者は「A=3；B=2」，「A=2；B=3」等のいわば「個の心の内なる少数意見」の分布を示す（統計数理研究所・研究リポートNo.59）．しかし，もしこの質問で程度を尋ねるのではなく，A，Bの二者択一で尋ねた場合の回答では，各回答者の心の内なる少数意見はその回答には反映されないことになる．

ところがおもしろいことに，全く同じ質問文でほぼ同時期に行われた，回答形式が「おはじき調査」型と「二者選一」型の2つの調査のデータを比較すると，前者において各被験者がより多く賛成の程度を示した方のカテゴリー（AまたはB）を集計した集団全体の回答分布は後者のものと一致しているというデータが示された（統計数理研究所・研究リポートNo.54, 59）．これは，今のところかなり限定されたデータにすぎないが，「個の心の内なる少数意見」の分布と「集団の意見」との関連を示唆するものとして興味深いであろう．

まえがき

　本書は,「個と集団」のうち,集団の方にウェイトがかかっているように思われよう.しかし,今日,「複雑系の理論」で盛んに取り上げられているように,集団の階層構造(自然発生的にせよ,社会的制度にせよ)は,下位集団から上位集団が形成される際に,下位集団ではみられなかった特性が現出するという事実に注意が必要である.個人,家族,近隣のコミュニティ,市町村,県,国,アジア,東洋と西洋,世界というように,集団の階層構造のレベルが上がるにつれて,下位集団のおのおのにおいてはみられなかった新たな特性が現出することがある.そのような特性を把握することは,個と集団を結ぶ線の延長上に考慮されるものであろう.本書はその線の一部に触れているにすぎないが,単なる机上の理論ではなく,現実のデータ収集の方法論を取り扱っているという意味で,個と集団の心を計測するデータ科学としての重要な視点や情報を,読者の方々に御了解いただければ,幸いである.

　本書は統計数理研究所を中心として,戦後,半世紀にわたる社会調査研究の基盤の上にあり,特に文部省科学研究費補助金研究「意識の国際比較方法論の研究」(No. 6106002, 1986〜90年度,代表 林知己夫),および試験研究A(1)「意識の国際比較研究の方法論の実用化に関する研究」(No. 04509001, 1992年度,代表 鈴木達三,1993〜94年度,代表 吉野諒三)で展開されてきた国際比較調査研究の成果の一部となっている.「データの科学」という名称も,実体は,統計数理研究所の諸先輩が戦後の早い時期から,ときに「統計数理」と呼び,また1970年代より「行動計量」と称してきた,現実のデータを重んずる統計の哲学の別称にすぎないであろう(吉野, 2000).諸先輩の方々の業績に感激と敬意を表し,さらに今後もこの研究が発展していくことを強く望むものである.

　なお,監修者の林知己夫 前統計数理研究所所長には拙著を本シリーズに含めてくださったことを感謝いたします.また,出版に当たって朝倉書店編集部にはひとかたならぬ御尽力を賜りました.末筆ではありますが,多くの皆様に,深く感謝の意を表したいと存じます.

2001年8月

吉 野 諒 三

目 次

1. 国際比較調査の実践 ……………………………………………………… 1
   1.1 本書の概要 …………………………………………………………… 1
      1.1.1 本書の目的 ……………………………………………………… 1
      1.1.2 統計数理研究所の国民性意識調査の歴史 …………………… 1
      1.1.3 日欧米における国際比較調査 ………………………………… 4
      1.1.4 本書の構成 ……………………………………………………… 4
   1.2 国際比較調査の実践的手続き ……………………………………… 5
   1.3 調査実施上の注意事項 ……………………………………………… 14
      1.3.1 調査企画段階における注意 …………………………………… 14
      1.3.2 種々のランダム・サンプリング方法 ………………………… 17
      1.3.3 質問文の翻訳 …………………………………………………… 20
      1.3.4 データ収集段階の注意 ………………………………………… 21
      1.3.5 データ分析を通じた特性の把握 ……………………………… 21

2. 標本抽出計画と調査実施 ………………………………………………… 26
   2.1 7か国調査の背景 …………………………………………………… 26
   2.2 7か国調査における標本抽出計画 ………………………………… 27
      2.2.1 1988年日本調査 ………………………………………………… 27
      2.2.2 1988年米国調査 ………………………………………………… 29
      2.2.3 1987年ドイツ調査 ……………………………………………… 31
      2.2.4 1987年フランス調査 …………………………………………… 32
      2.2.5 1987年イギリス調査 …………………………………………… 33
      2.2.6 1992年イタリア調査 …………………………………………… 34
      2.2.7 1993年オランダ調査 …………………………………………… 39

付録A　面接審査員への指示書⋯⋯⋯⋯⋯⋯⋯⋯⋯⋯⋯⋯⋯⋯⋯ 42

3. 調査票の翻訳・再翻訳⋯⋯⋯⋯⋯⋯⋯⋯⋯⋯⋯⋯⋯⋯⋯⋯⋯⋯⋯ 45
　3.1　国際比較調査における言語の差⋯⋯⋯⋯⋯⋯⋯⋯⋯⋯⋯⋯⋯ 45
　3.2　質問票の作成⋯⋯⋯⋯⋯⋯⋯⋯⋯⋯⋯⋯⋯⋯⋯⋯⋯⋯⋯⋯⋯ 46
　　3.2.1　翻訳質問文の比較可能性⋯⋯⋯⋯⋯⋯⋯⋯⋯⋯⋯⋯⋯ 46
　　3.2.2　質問票作成の経緯⋯⋯⋯⋯⋯⋯⋯⋯⋯⋯⋯⋯⋯⋯⋯⋯ 48
　3.3　質問文翻訳の検討⋯⋯⋯⋯⋯⋯⋯⋯⋯⋯⋯⋯⋯⋯⋯⋯⋯⋯⋯ 52
　　3.3.1　質問文翻訳検討の手順⋯⋯⋯⋯⋯⋯⋯⋯⋯⋯⋯⋯⋯⋯ 52
　　3.3.2　「翻訳のゆらぎ」の効果の検討⋯⋯⋯⋯⋯⋯⋯⋯⋯⋯ 57
　3.4　オランダ調査におけるバック・トランスレーション⋯⋯⋯⋯ 61
　　3.4.1　役割分担⋯⋯⋯⋯⋯⋯⋯⋯⋯⋯⋯⋯⋯⋯⋯⋯⋯⋯⋯⋯ 61
　　3.4.2　調査票の翻訳・BTから完成までの手順⋯⋯⋯⋯⋯⋯⋯ 61
　　3.4.3　調査票翻訳に当たっての留意点⋯⋯⋯⋯⋯⋯⋯⋯⋯⋯ 63
　　3.4.4　具体例⋯⋯⋯⋯⋯⋯⋯⋯⋯⋯⋯⋯⋯⋯⋯⋯⋯⋯⋯⋯⋯ 64
　付録B　バック・トランスレーション検討の事例⋯⋯⋯⋯⋯⋯⋯ 65

4. 分析の実際⋯⋯⋯⋯⋯⋯⋯⋯⋯⋯⋯⋯⋯⋯⋯⋯⋯⋯⋯⋯⋯⋯⋯⋯ 73
　4.1　国際比較調査方法論開発の哲学⋯⋯⋯⋯⋯⋯⋯⋯⋯⋯⋯⋯⋯ 73
　　4.1.1　Cultural Link Analisys⋯⋯⋯⋯⋯⋯⋯⋯⋯⋯⋯⋯⋯⋯ 73
　　4.1.2　国際比較の尺度としての調査質問項目の作成⋯⋯⋯⋯ 74
　　4.1.3　数量化理論⋯⋯⋯⋯⋯⋯⋯⋯⋯⋯⋯⋯⋯⋯⋯⋯⋯⋯⋯ 75
　　4.1.4　相補的統計分析の考え方⋯⋯⋯⋯⋯⋯⋯⋯⋯⋯⋯⋯⋯ 76
　4.2　統計的分析の実例⋯⋯⋯⋯⋯⋯⋯⋯⋯⋯⋯⋯⋯⋯⋯⋯⋯⋯⋯ 79
　　4.2.1　日本人の国民性意識の時系列的比較⋯⋯⋯⋯⋯⋯⋯⋯ 79
　　4.2.2　国際比較データ⋯⋯⋯⋯⋯⋯⋯⋯⋯⋯⋯⋯⋯⋯⋯⋯⋯ 82
　4.3　バイリンガル回答者による言語比較調査⋯⋯⋯⋯⋯⋯⋯⋯⋯ 87
　　4.3.1　言語による回答の差⋯⋯⋯⋯⋯⋯⋯⋯⋯⋯⋯⋯⋯⋯⋯ 87
　　4.3.2　偽造データの検出⋯⋯⋯⋯⋯⋯⋯⋯⋯⋯⋯⋯⋯⋯⋯⋯ 88
　4.4　社会調査の危機⋯⋯⋯⋯⋯⋯⋯⋯⋯⋯⋯⋯⋯⋯⋯⋯⋯⋯⋯⋯ 91

4.5　国際的相互理解のための「計量的文明論」へ………………………… 95
　　付録C　superculture モデル ……………………………………………… 96

5. 調査票の洗練……………………………………………………………… 100
　　5.1　項目の履歴……………………………………………………………… 100
　　5.2　項目群による尺度構成………………………………………………… 102
　　　5.2.1　伝統・近代の尺度………………………………………………… 102
　　　5.2.2　人間関係の尺度…………………………………………………… 104
　　　5.2.3　宗教的態度の尺度………………………………………………… 107
　　　5.2.4　中間回答傾向の尺度……………………………………………… 108
　　5.3　各項目洗練のためのポイント………………………………………… 108

参考文献………………………………………………………………………… 112
資　　料………………………………………………………………………… 116
索　　引………………………………………………………………………… 155

1

国際比較調査の実践

1.1 本書の概要

1.1.1 本書の目的

本書の目的は,「データの科学」の観点から,過去数十年にわたり統計数理研究所が中心となって遂行してきた「各国民の意識,価値観,態度などの国際比較研究」において積み重ねられてきた知見を,国際比較調査やデータ解析の実践的ノウハウを必要とする方々に提供することである.結果として,本書は,一方でデータの科学の実例を示すとともに,他方で国際比較調査を企画,実施する方々のための「実践的マニュアル」となることを期している.

まず,われわれの国際比較調査研究の歴史を簡単に振り返ってみる(吉野,1994 参照).この研究のなかで中心となる柱の一つは,「連鎖的比較の調査研究(Cultural Link Analysis)」と呼ばれる国際比較調査の実践的方法論を中心とする調査データの国際比較可能性に関する「統計数理」的理論である.

1.1.2 統計数理研究所の国民性意識調査研究の歴史

統計数理研究所では,1953 年以来,約半世紀にわたり,5 年ごとに成人の男女を対象に「日本人の国民性意識」に関する調査を継続してきた(『日本人の国民性 第 5』,水野・林・吉野他,1992 を参照).この先駆的調査としては,1948 年に当時の米占領軍の指揮のもとで統計数理研究所,国立教育研究所,あるいは後の国立国語研究所のスタッフとなる研究者たちが遂行した「日本人の読み書き能力調査」がある.この調査研究の背景には,占領軍の一部が日本の学校では漢字教育に時間がかかりすぎ,児童,生徒の教育に困難がありそうなので,日本語をローマ字化,ひいては英語化すべきであると考えた背景があ

った．しかし，調査の結果，予想以上に能力が高いことが判明し，日本の国語の英語化が阻止されたといわれている（吉野，1997）．実際には世界の政治事情と無関係ではなかったであろうと想像するが，結果として，この研究は，戦後導入された標本抽出理論の実践的応用可能性を確認させた．また，他方では，戦後の民主主義を発展させるために広く偏らずに民意を汲み上げるシステムとして，政府やマスコミ各社の「世論調査」遂行上の理論的基盤を整える契機となった．こういった流れのなかで，5年後の1953年に統計数理研究所による「日本人の国民性」調査研究が開始されたのであった．世界の流れ，特に米国の社会学会では，戦中から戦後にかけて戦争の相手国の国民性や集団特性に対する関心が増大していた頃であった（Inkeles, 1996）．今日では，総理府の「社会意識に関する世論調査」，NHK の「生活時間調査」とともに日本の3大標本調査として有名である．

「日本人の国民性」は，当初は必ずしも長年にわたる継続調査を意図していたわけではなかったが，研究の展開と平行して，日本の高度経済成長とそれに伴う日本人の社会意識の変化を目の当たりにし，継続調査の必要性が認識され，今日の研究へとつながるようになったのである．

ただし，実際には，1958年調査では1953年調査結果でカバーされてはいなかった側面を調査しようとしたのだが，ここに大きな失敗があった．「国民性」に関する意識など数年程度では変化しないと思い込んでいたのに，実際には項目によりある程度の変動がみられることが判明したのであった．この失敗の経験から，1963年以降は質問項目，調査票を元にもどし，時系列的変化をみるための継続調査（K）としたのである．そして，時代とともに新たに追加した項目の質問をも考慮するため別の調査票（M）を作成したのであった．

この継続調査の発展に伴い，多くの実験調査が試みられ，県民性の比較，パネル調査，面接調査と自記式調査との比較，回答変動・回答誤差の統計分析等の研究が生まれた．また，調査回答のような定性的データに適用できる一連の多変量解析法も開発され，「数量化理論（林，1993 a）」として確立されている．そのほかにも，この調査データの分析のために数々の統計数理的分析法やモデルが提案，応用されたのであった．

この研究は，1970年代初め頃より，国民性をより深く考察する意図で，日本以外に住む日本人・日系人を初めとして，他の国の人々の国民性意識の調査

へと拡張されてきた．

　初めから全く異なる国々を比較しても，計量的に意味のある比較はできない．言語や民族の源など，何らかの大きな共通点がある国々を比較し，似ている点，異なる点を判明させ，その程度を計量することによって，初めて統計的「比較」の意味があるのである．この比較の環を徐々につなげることによって，比較の連鎖を拡張し，やがてはグローバルな比較も可能になろう．われわれは，この方針のもとで，国際比較調査研究を進めて，「連鎖的比較の調査研究 (Cultural Link Analysis)」と呼ぶ方法論（図1.1）の確立を目指してきた．

　今日までに，この方法論のもとでわれわれのグループが調査した地域や国々には，ハワイ（日系人・非日系人），ブラジル（日系人），米国本土，イギリス，フランス，ドイツ，イタリア，オランダ，東南アジアの国々が含まれる．

　最近では，各国の各機関による国際比較調査が数多く遂行されているようであるが，資金さえ十分に確保されれば，どこの国でもわれわれの取り扱うような統計的標本調査が可能であると思ってはならない．対外的な政治的理由，国内での事情により，調査が不可能なこともある．例えば，統計数理研究所が1971年に企画したブラジル日系人調査では，当時，軍政下にあったブラジル政府からは「他国の研究所が自国の調査のために入国するため」のビザの発給は許可されず，急遽，ハワイ日系・非日系人調査へ変更したといったエピソードがあった．また，中国や東南アジアの国々のなかには国勢調査の統計がなか

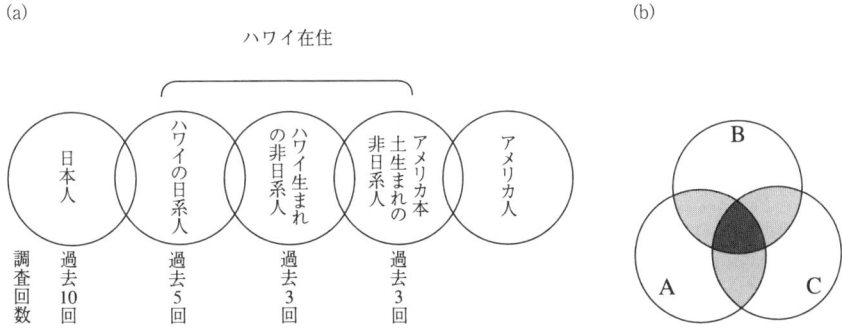

図 1.1 連鎖的調査計画（調査対象集団の連鎖）
(a) 1次元連鎖：異なる地域や国々の集団を言語や人種等の共通点をもつ対で連鎖していく．
(b) 多次元連鎖：対象となる集団や調査する項目（図中 A〜C）が多くなると考慮すると共通点（重なり）も多次元的となることもある．

ったり，あったとしても，その信頼性が疑問で，全国レベルの正確な戸籍簿や住民票などもなく，妥当な標本抽出が極端にむずかしいところがある．

ここで，重要な注意をしておく必要がある．われわれは上記の調査プロジェクトの名称に「国民性」という言葉を用いているが，これは歴史的な流れのなかで用いられてきた，いわばニックネームとして「　」つきで用いている言葉であることに注意していただきたい．この国民性という概念は，一方で社会学や生物学など科学一般でも，そもそもそのような概念の定義や実証的存在自体が大きな問題となり，他方では広く一般社会でも，民族間の衝突に関与してきた言葉でもあった．

われわれの立場は，国民性の特定の定義や立場にとらわれずに，実証的に確定的な「国民性」などというものが存在するにせよ，しないにせよ，一般の人々が曖昧ながらイメージとしては抱いている「国民性」あるいは人々の意識構造について，統計的な大標本調査を遂行して浮き上がってくる重要な情報をとらえるべく，統計的調査法と分析法を開発していこうとするものである．これがひいては，各国の人々の相互理解を促進し，世界の平和の創造と発展，維持の一助となる情報が提供できれば幸いであると考えている．

1.1.3　日欧米における国際比較調査 —Cultural Link Analysis の展開—

「連鎖的比較の調査研究（CLA）」は，われわれの1986～90年度の文部省科学研究費補助（代表 林知己夫）による特別推進研究「意識の国際比較方法論の研究」において，本格的な方法論が展開されるようになった．この研究で調査されたのが日本，米国，イギリス，西ドイツ（東西の統一前），フランスの5か国であった．調査結果と分析結果は，詳細に報告されている（特別推進研究報告書20分冊，統計数理研究所・研究リポート No. 70～73 等）．

さらに，この研究は，実質的に1992～94年度の文部省科学研究費補助による試験研究A「意識の国際比較における連鎖的調査分析方法の実用化に関する研究」（代表 鈴木達三〔92年度〕，吉野諒三〔93, 94年度〕）として引き継がれ，新たにイタリアとオランダの調査が遂行されたのであった．

1.1.4　本書の構成

本章の以下の節では，総論として簡明に国際比較調査の手続きのステップの概要を示し，このステップに沿って，実践上の注意を詳しく説明する．さらに詳細に国際比較調査の遂行と分析に関する各論をまとめるために，2章では，

特別推進研究での5か国と，試験研究Aのイタリアとオランダでの標本計画や調査の手続きについて解説する．3章では，質問文の外国語翻訳と再翻訳（バック・トランスレーション）のプロセスを具体的に説明し，4章では，統計分析の具体例を示す．5章では，さらにこの研究の延長として，地球規模での国際比較調査を展開するため，これまで用いてきた調査項目を洗練する．

資料として，オランダ調査のための日本側代理店へ提示した調査仕様書，その契約請負書，および，英国調査票の一部（5章で取りあげる米国調査票〔林・吉野・鈴木他，1998〕の質問項目のうち異なる表現の項目）を巻末に載せておく．

1.2 国際比較調査の実践的手続き

この節では，国際比較調査の手続きの概要を，われわれが実施したオランダ調査の場合と関連させて具体的に説明しよう．

このオランダ調査は，われわれの研究グループが，1992～94年度に文部省科学研究補助金の援助による3か年の試験研究を遂行する一環として，第2年次にオランダ調査機関NIPOに委託して遂行したものである．したがって，オランダ調査の実施に至るまでの研究グループ内部での準備には，過去の関連する研究の流れ（1971年のハワイ調査から，1986～90年度の文部省科学研究補助金による特別推進研究）もあり，またオランダ調査計画案が出されてから

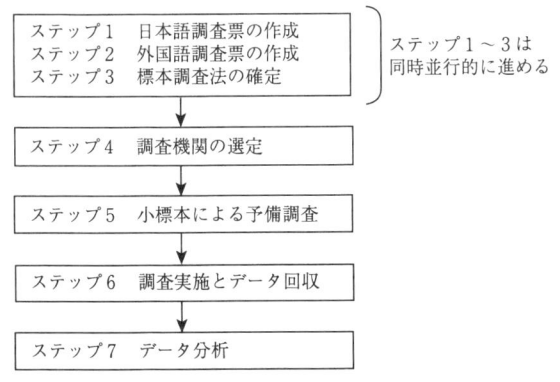

図 1.2 国際比較調査の概略ステップ
調査票作成においては，新しく作成された質問以外に，本来の質問が日本や諸外国での既存の調査から選ばれたものもある．

もメンバーの選定や費用調達等にもかなりの時間が費やされている．しかし，ここでは，調査国・地域の選定，調査費用調達などの諸問題は解決され，調査テーマも確定し，調査実施の具体的準備に入れる段階にある研究グループにとって参考となるべき諸点をまとめることにする．

調査計画の遂行は，図1.2のようなステップとしてとらえることができよう．以下これらのステップについて簡単に説明しよう．具体例として，オランダの面接調査において，われわれの実際に遂行した場合を記す．

ステップ1―日本語調査票の作成―

1) 質問項目の選定　調査したい質問項目を初めから，ただ自分でつくり上げ，そのまま用いようとするのは適切ではない．まず，自分が調べたいと思っている項目について，回答者全員が自分と同じ知的レベルや関心をもっていて，自分が意図しているように質問を解釈し，また自分が意図するような範疇のなかで回答するとは限らない．したがって，必要であれば，尋ねたい項目をいくつかに分解したような形で一群の質問項目としておき，データ回収後に，それらの項目から尺度構成により調べたい変数を計量することもある（5.2.2項「人間関係の尺度」p.104参照）．また，仮に回答者が自分の意図したように解釈して回答したとしても，回答データの数値は，何かと比較して初めて意味をもつことにも留意しなければならない．

これらの理由から，まず，調べたいと思っている項目について関連する過去の調査についての情報を収集することが，なによりもまず，なすべきことである．以下に調査テーマに関連する国内・国外の調査資料の収集の具体例を示す．

毎年，内閣総理大臣官房広報室が出版している『全国世論調査の現況』（大蔵省印刷局出版）等を参考にし，関連する調査を探し，各調査の質問と回答データを収集する．国民性の意識に関する調査であれば，統計数理研究所の「日本人の国民性」調査（水野・林・吉野他，1992）やわれわれの国際比較調査（『国民性七か国比較』，林・吉野・鈴木他，1998）等が参考になるであろう．

それらを参考にして，そのまま使える質問を選択したり，必要であれば新たな質問文を作成する．新たな作成に当たっては，面接者や回答者全体の知識水準を考えて，可能なかぎり面接場面での誤解を避けるように，質問文や回答選

択肢の簡易な口語表現を考える．もし，ある項目について自分があらかじめ用意した質問とほぼ同じ表現の質問の文章が見つかったときは，比較の意義を保つために，基本的には過去にすでに用いられ，比較すべきデータのある質問をそのまま利用するのが基本である．その際，意味はだいたい同じだから自分が気に入った方を使うといった選択では，微妙な表現の差が多様な回答者に与えるかもしれない影響の可能性を排除することができないので注意する．

質問によっては，回答者に選択肢を提示するための適当なサイズのカードを作成する．選択肢が多い場合，提示カードなしで読み上げるだけであると，回答は選択肢の先頭か最後に近いものを選ぶ率が高くなりがちである（記憶のメカニズムによる）．提示カードの使用の有無，文字の大きさ，カードの表示の仕方で，回答の差が生じる可能性にも留意すべきである．

2) 質問票　質問票のなかで，各質問の順番については，関連する質問項目はふつうはまとめておくが，あえていくつかは散らせておいて，回答データを分析し，その一貫性の有無からデータの信頼性を確認することもありうる．ただし，特定のトピックに関連してまとめて尋ねると前後関係から誤解のない質問文であっても，散らせると質問に誤解を生じさせることもありうるので，文章の適切な修正が必要となることもあろう．いずれにせよ，質問項目の「位置の効果」や複数の項目の「順番の効果」などの「文脈効果」があることに注意する．

質問項目の数は，回答者にあまり長時間の協力を求めないように決めるべきである．理想的には，面接調査の時間は20分から，せいぜい30分程度，電話調査では5分から10分程度だろうか．ただし，国や調査対象の年齢等によっても大きく異なるので考慮すべきである．

3) フェイス・シート　回答者の性別，年齢，職業区分，居住地の町村都市規模の大小区分等の「デモグラフィック・フィギュア（属性）」を記すための「フェイス・シート」も作成する．契約した調査機関が通常定めているフォーマットをそのまま用いたり，それを一部修正して用いることが多い．このなかの質問には，一部，調査票の本来の質問項目と重複するものが出てくることもあるが，重複が多すぎなければ，あえて加えておいて，回答の一貫性をチェックするために利用することもできよう．これは，データ・クリーニングのテクニックの一つである．

オランダ調査では，調査済みの日欧米の6か国調査との比較のため，項目をほとんど，その共通質問にあわせた．日欧米の6か国調査の項目作成において，主に参照した調査は，以下のとおりである．これらの多くは，世界的にも著名な調査であり，継続的に遂行されている．各国のデータ・アーカイブ等を通じて，生データを手に入れることができよう．

- フランスCREDOCの調査，1979，1982，1984年調査
- 「日本人の国民性」調査（以下，国民性調査）1983年調査
- ハワイ・ホノルル市民調査1983年：統計数理研究所
- 1978年アメリカ調査：統計数理研究所
- ISR：ミシガン大学社会調査研究所調査
- GSS：シカゴ大学NORCによる一般社会調査
- ALLBUS：1980年，1982年ドイツ一般社会調査
- 1980年13か国価値観調査（余暇開発センター出版）
- ヨーロッパ9か国価値観調査
- NSF：アメリカ1985年調査（科学技術に関する）
- SOFRES：フランス1982年調査（同上）
- 科学技術87：日本1987年3月調査（同上）
- Eurobarometer：1987または1973，欧州各国の比較調査でEU委員会関係で長年にわたり，継続されている．報告書や生データはほとんど無償で提供されている．

最近では，他の調査プロジェクトや調査機関の情報もコンピューター・ネット上でアクセス可能となってきている（例：http://www.eurobarometer）．特に，ドイツのZentralArchiv（ZA）を初めとする各国の社会調査データ・ライブラリーは各国で収集された代表的な標本調査データを無償（実費のみ）で提供するシステムをもっている．日本では，東京大学社会情報センターや一部の大学が調査データ収集と提供の作業を展開し始めているが，大学等の研究者以外には，生データのアクセスがまだかなりむずかしい状況である．

ステップ2―外国語調査票の作成（翻訳とバック・トランスレーション）―

選び出した質問が，もともと調査該当国での既存の調査に用いられたのであれば，そのまま用いる．この場合は，日本語訳の方のチェックが重要となる．

以下では，選び出された質問が本来，日本語であり，これを翻訳し，外国（オランダ）調査を行う場合を想定する．

　日本語とオランダ語に堪能な翻訳者を複数（少なくとも2名）探し，独立して，翻訳させる．この際，日本語質問票のみならず，すでに日蘭語以外で表現された同一質問がある場合は，それも翻訳者に利用させるか否かは判断が必要である．一方の翻訳者にだけに利用させるのも一案である．要は，後に，2人の翻訳文において，些末な表現の違いは別として，本質的な差異があるか否かの判別の手がかりが得られるようにすることである．本質的な差があれば，比較検討し，本来の質問の意図を表すように修正する．

　複数の翻訳者がいる場合は，「バック・トランスレーション」を利用することも考えられる．すなわち，1名が日本語質問をオランダ語に翻訳し，それを他の1名が日本語に翻訳し返す．前者には，日蘭のバイリンガルでオランダ生まれ，後者には同じバイリンガルでも日本生まれの方が望ましい．それを，本来の日本語質問文と比較検討し，些末な表現の差以上に異なる部分があれば，このバック・トランスレーションによる検討を必要なだけ繰り返すのである．

　いずれにせよ，重要なのは，単に日本語をオランダ語に逐語訳することを目指すのではなく，この作業を通して日本とオランダの国情の違いが浮かび上がる部分もあり，比較研究のための知見が得られるということである．この意味で，経歴の異なる複数の翻訳者（なるべく現地人で日本語もかなり堪能で，日本での生活経験のある人）を得て，質問文そのものだけではなく，それに関するオランダの状況の説明や意見を聞くことも重要である．それらの人々の意見の一致を求めるのではなく，むしろ違いを手がかりとして，実状がわかることが多い．現地の調査専門家の意見の方が，場合によっては的外れであったこともあった．われわれの場合，日本語とオランダ語の双方に堪能な人を探すことがかなり困難であった．通常は，外国語大学や各国の大使館，観光局などを通じて適切な翻訳者を探すのであるが，結局，オランダ調査では研究メンバーの個人的なコネクションで探し出された1名と，オランダ調査機関NIPO側の担当者の1名とがオランダ語翻訳作業に当たり，その日本語へのバック・トランスレーションは，われわれの日本側代理店R社の探し出した翻訳者（大学教官）が担当した．

　いずれにせよ，翻訳専門会社に依頼する場合も，その仕事に当たる翻訳者個

人についてのバックグラウンド，学生か，プロか，本来の専門は何か等を十分に確認すべきである．単に「日本語がわかる外国人」というだけでは十分でない．

ステップ3―標本調査法の確定―
1) 調査方法の決定　　面接調査，留置調査(とめおき)，電話調査，郵送調査等のいずれの手段を用いるかを決定する．それぞれの調査法には，手続きや労力，回答の信頼性等について一長一短あり，費用と調査の精度との兼ね合いも考えることが必要である．

郵送法は，コストは比較的少なく回答者にもバイアスがかかりにくいが，指定した回答者が本当に回答したのかを確認しにくい．また，どの方法を採るにしても，実際に回収されるデータは回収率100％でない限り，何らかの偏りが出るものであり，それを考慮しない単純な％数値をそのまま解釈するのは危険である（コストは面接調査が最もかかるが，われわれの7か国調査では，面接法にそろえた）．

2) サンプリング方法の決定　　サンプリングは，通常「ランダム・サンプリング法」を用いるのが基本で，全国調査のような大規模な調査の場合は，全国を地点区分して，そのなかから地点を抽出してから，各地点で戸籍や選挙人名簿を利用して回答者をランダム・サンプリングするという「二（多）段抽出法」を用いることもある．また，性別，年齢，都市規模，職業区分などの属性カテゴリーごとに関して（確率比例）層別抽出することも多い．

ある属性に着目して，その属性に該当しないものとの比較のために，データに回答者数を考慮したウェイトをかけて分析をすることもある．しかし，当該の属性に該当する回答者が少なすぎると誤差も多くなり，またクロス表分析や多変量解析には不適当なデータとなりうるので，着目すべき属性があらかじめわかっている場合は，標本抽出の段階で適切に確率抽出しておくべきである．

オランダ調査では，それまでの日欧米の6か国調査との比較のため同じ面接法を採用した．ただし，日本以外では標本抽出は各国の事情により，その変形であるランダム・ルート・サンプリングやクォータ（割当）法が用いられた．詳細は2章参照．

ステップ4 ―調査機関の選定―

比較調査する当該国での，全国レベルの標本調査の経験が豊富である調査機関を選定する．例えば，ISSP（International Social Survey Program）という世界的な共通社会調査の各国での実施機関等が候補となろう．既存の機関のディレクトリーは，世界世論調査協会 WAPOR（World Association of Public Opinion Research）発刊の"Blue Book"，米国マーケティング協会（American Marketing Association）発刊の"Green Book"，ESOMAR（European Society for Opinion and Research）発刊の ESOMAR 加盟調査機関ディレクトリー（"Research Organizations"），英国 The Market Research Society 発刊の"International Directory of Market Research Organizations"等を参照するとよい．

候補が複数あれば，意図する調査テーマ（市場調査か，一般の社会意識調査か等）に関連する調査にどの機関が慣れているかを検討する．また，同時に質問項目数と計画サンプル数（全国規模では1000～2000名程度）を考慮して調査費用の見積りを提出させ，予算を考慮して検討する．外国の調査機関との直接交渉が不安な場合は，それらの日本側の代理機関を通じて，交渉を進める．

日本では，全国ネットワークをもち，常時調査員を確保している調査会社として，日本世論調査協会の会員リスト等を参照して交渉を進めることもできよう．各調査機関は得意とする調査の領域があるので，留意すべきである．

オランダ調査では，国際的な調査 ISSP のオランダを担当している調査機関 NIPO を選択した．ただし，契約は，日本のR社が代理となって遂行し，われわれはR社と直接契約を結び，NIPO との交渉に当たらせた．これは，海外機関との間に契約上の問題が生じた場合の対処を考慮した方便である．

ステップ5 ―小標本による予備調査―

1) 調査担当者との本調査のための最終打ち合わせ　現地調査担当者と直接会い，その人のアカデミックなバックグラウンド等の経歴，責任感，人柄を把握することも肝要である．そのため，食事をともにする等，なるべく打ち解けた世間話ができるような雰囲気のなかでその人物を判断することも，調査の実行，調査後に問題が上がってきた場合の対応等を考えるために重要であろう．

2) 予備調査の遂行　　一応，調査実行計画が定まれば，本調査に先立ち（例えば2週間前に），いくつかの代表地点（大都市と地方の一部など）で，合計50程度の少数の標本を用いて予備調査を遂行する．できれば，調査員に随行して面接の一部に立ち会うことが望ましい．ただし，それがプライバシー保護の問題などで困難であれば，調査員の少なくとも一人にテープレコーダーを用いて面接のいくつかを録音させることも考えられる（これも国によっては許可されないこともあるが）．

この時点で，調査担当者は，調査員に指示を与える（ブリーフィング）のであるが，できる限り立ち会って，その場の状況を把握すべきである．また，調査員や調査担当者から質問を受けることもあろう．

なお，調査員への指示は，
- "Interviewer's Manual"，ミシガン大学 ISR 出版
- "Le Manual de l'enqueteur"，IFOP（フランス世論研究所）ESOMAR 出版

のマニュアルが参考になろう（2章末の付録Aおよび統計数理研究所・研究リポート No. 84 第5章も参照）．

3) 調査員のディ・ブリーフィング（面接状況の説明）　　予備調査遂行の結果，調査員から面接調査の状況（質問に誤解されやすい表現はなかったか，回答者が理解しにくい質問はなかったか，回答者は好意的に答えてくれたか等）を聞き出す．調査員は，回答者から予想外の回答や質問を受けた場合にどのようにすべきかの指示を求めてくることもある．この間に，質問文や回答肢に誤植などの間違いが見出されることも多い．

これらの結果に基づいて，必要な変更をして，調査票（質問と回答肢，回答選択肢の提示カード）の最終版を確定する．また面接時に調査員が注意すべき点を確認する．

ステップ6―調査実施とデータ回収―

回収されてきたデータの信頼性を確認するには，まず，回答者あるいはその一部（例えば15％）に電話等で，調査員が本当に面接に行ったことの確認をとる．次に，全質問項目を通して，回答者数が一貫しているか否かを確認する．もし問題があれば，該当する回答者を特定し，さらにその回答者の面接担

当者を特定し，再度，回答の確認をさせる．

　次に，まずデモグラフィック・データ等を手がかりに簡単な分析を行い，データ・クリーニングをしていく．例えば，学歴（在学年数）と職業や年齢のクロス集計表をつくる（SPSS，Excel などのコンピューターの統計ソフト・パッケージを利用）．若い世代の弁護士，医者，大学教師などは学歴の高い方に属し，農業や漁業に従事する年齢の高い層は学歴の低い方となる傾向があろうから，これを手がかりにデータの一貫性を確認する．ただし，国による制度の違いで，日本の常識には合わないこともありうるので注意する必要がある．例えば，大学を出なくとも弁護士や医者になる道があるかもしれない．いずれにせよ，理解しにくいことが発見されれば，現地調査担当者に説明を求め，不明の場合は該当する回答者に面接した調査員に確認をさせる．

　不明な点を早急に発見し，現地調査担当者に説明を求めることは，当方が詳細にデータ分析を行おうとしていることを担当者の方にアピールし，それに応じた真摯な仕事の遂行が求められているのだということ認識させることになる．また，この作業を直ちに行わないと契約が切れた後の調査会社の対応は極端に遅くなったり，調査担当者が移動，転職したなどという理由で対応してくれない場合もあるので注意する．

ステップ7　―データ分析―

　最初は，基本的に属性別の単純集計を詳細に分析する．次に，適当な項目間のクロス表を分析することもあろう（林，1993 a，b 参照）．さらに，進んだ分析を行う準備がある者は，数量化理論に基づくパターン分析などの利用も考えられる（4 章参照）．多変量解析の適切な利用はデータに潜む重要な情報を浮かび上がらせるのに役立つこともある．しかし，いたずらに複雑な統計分析をして，それを「高度な分析をした」などと考えるべきではない．「データ」を自分が理解し，他人に理解させるのが本当の目的であるのならば，そのような分析は，単純集計表，クロス表に潜んでいる重要な情報を発見する手がかりとして用いることが望ましいと，私は考える．

1.3 調査実施上の注意事項

この節では前節での概要を捕捉する注意を与えよう．

1.3.1 調査企画段階における注意

a．調査遂行を決意するに当たって　社会調査では，ただ思いついたおもしろそうな質問についての回答を調査して，数値データを分析するのがすべてではないことに注意する．

まず，原則として，

1回の調査の単問の回答分布だけからでは，意味があり，信頼性も高いことは，いいがたい，

これに準じて，

単問の回答分布の国際比較結果だけからでは，意味があり，信頼性も高いことは，いいがたい，

ということを念頭に入れておくべきである．したがって，

① 過去の同様の質問結果と比較すること（時系列データの分析），

② 複数の関連質問の項目群の回答パターンを考察すること（例：複数の「人間関係」に関する項目から「義理人情尺度」を構成，5章 p. 104 参照），

③ 文化の背景の近い国民間の比較をし（われわれの開発している文化の連鎖的比較の調査研究 Cultural Link Analysis, CLA と略す），比較の共通の基盤（類似点）を確立し，他の側面をも比較すること，

等が必要である．

①については，信頼できる他調査と重複するデータ（質問文や回答データ）をできるだけ集めることが重要である．うまく，過去に類似の質問文を用いた調査が見つかった場合，それを比較の基準に利用するのであれば，たとえ自分の考案した質問文と意味上は同じだからといってそのままにするのではなく，過去の質問文の表現のとおりに用いるのが原則である．微妙な質問文や回答カテゴリーの表現の差が，結果に計量的にどの程度影響するかわからないのであるから．②と③については，3, 4章を参照のこと．質問票作成に当たっては，項目とカード（回答選択肢）提示の有無やその仕方にも注意する．

また，調査地域に住む複数の研究協力者を得ることも重要である．さらに，日本にいて直接アドバイスを受けることのできる現地からの留学生なども，協

力者として参加してもらうことが望ましい．

  注：全く新しい質問を導入することもある．これは，将来遂行される調査との比較が想定されていることもあるし，あるいは他の情報や資料に基づいて，調査の結果が知りたいという理由で導入されることもあろう．この場合，母集団全体，すなわちわれわれが扱っている問題の回答者には老若男女，職業，学歴も多様な人々全体がいることを念頭におくことが大切である．インテリの研究者が「知りたいこと」を，そのままの質問で直接聞いて回答を得ても，それはその「知りたいこと」に迫れるとは限らない．回答者が素直に答えられるように，「普通の日常会話の場面での日本語に翻訳」したり，いくつかの質問に分解して尋ねるべきこともあろう．研究者は，質問群の回答全体を巧妙に処理して，自分の知りたいことにアプローチすべきで（例：第5章 p.104 の「人間関係の尺度」の構成等），普通の人である回答者が研究者の難題に直接答えてくれることを期待すべきではない．

b．かかった費用や時間について 調査準備，調査の契約と遂行，データ分析の各段階で最低1年ぐらいずつの期間を見込んでいた方がよいであろう．数か国の調査をある一年で遂行する場合は，当然，それ以前の準備段階で十分な時間が用意されているべきであろう．

 全国調査では，無作為抽出の1000名の面接調査とすると，日本や欧米では，600万円から800万円程度の費用が必要となろう（現地視察のための旅費などは含まない）．また，為替レートの変動や，調査国での物価上昇に注意が必要である．先進国や通貨の強い国の方が費用が高くなるとは限らない．ドイツよりも北欧の方が，かなり高いようである．

 われわれと代理店の間の契約は，調査データ回収後，契約のとおり納品を確認した後で，一括して費用を払った．代理店と外国の調査機関との間では，為替変動による危険を避け，2回に分割して支払っていた（統計数理研究所・研究リポート No.77 参照）．

  オムニバス調査について 費用が恵まれていない調査プロジェクトの場合は，調査会社を通じて集められた他の顧客の調査プロジェクトと相乗りで，あたかも一本の調査のように遂行することもある．これを，オムニバス調査と呼んでいる．全国調査で標本が1000あるいは2000名で，質問項目1問当たり，例えば十数万円などという計算で見積もられる．したがって，質問が多くはない（10や20の）場合は可能であり，問題数によっては1問題当たりの単価も安くなることもある．しかし，40問以上ではオムニバスではなく，それ自体を一本の調査として遂行させることが求められよう．

  また，データの品質については，一般には，一本の調査として走らせた場合よりも低

くなるのはやむをえないであろう．他の顧客の分の質問や回収データは手に入らないために，自分達の質問と他の顧客の質問との影響（順序や文脈効果）が不明となる．この場合，せめて，調査会社に他の顧客の質問のカバーするトピック（政治，経済，娯楽ほか）等と，自分達の質問のおおよその位置（先頭か，最後の方か）程度は聞くべきであろう．

c．調査機関の選定　調査機関を選定する際には，以下の点に留意して，遂行する調査の内容に即した適切な選択をする必要がある．

1) 調査機関の特質　例えば，イタリアのPragma社は調査方法を顧客の意向に沿って計画を進めるタイプであり，一方，オランダのNIPO社は自己の既成の方法（本来市場調査が専門）に固執するタイプである．こういった方針の違いは，調査計画遂行上いろいろな側面に影響してくるので注意が必要である．

2) 調査担当者について　調査担当者に直接面会して，知識のバックグラウンドや性格をも含めて確認しておくべきである．意識調査のノウハウがあるか，市場調査のノウハウ（意識調査にプラスのことも，マイナスのこともありうる）があるかを確認すべきである．例えば，質問文翻訳作成のときは，市場調査では回答者が答えやすいことを念頭に置くが，意識調査では回答者に選択のむずかしいなかからの回答を求めることもある．そのため，われわれの依頼した調査において，市場調査に慣れた調査担当者が勝手に回答選択肢に回答者が答えやすい「中間回答」を挿入してしまい，結果として国際比較の意味が失われた質問もある．1問当たりの費用を考えると，これは大きなミスとなる．

　途中で担当者が代わることの可能性を考える．われわれの場合，代理店の担当者の交代のために，後に思わぬ行き違いに直面してしまった．民間機関・代理店との間の仕事は金銭が絡むので，計画の予想外の事態は，時間も含めて，大きな影響を与えることもありうる．

　何らかの理由で，データや資料，報告書の納入期限が実質的に守れなくなる可能性もありうるが，官公庁の機関では年度内の納入が基本であるので，注意が必要である．

　また，納入後も，不明な点や不備な点は調査会社が適切な対応をすべきであるが，実際は，当初の契約期限が切れた後は極端に対応が遅くなる．また，場合によっては，調査会社側の責任による不備にもかかわらず，契約期限後の仕

事として，新たに費用を請求してくることもあり，注意が必要である．場合によっては，法律的な対応も念頭に置いて対処すべきである．

契約している調査会社との連絡は，FAX の方が速く，双方でコピーを保管していくことによって，後日，連絡内容の確認もしやすい．

3) 調査員について　各調査機関は，その国の全国各地に居住する調査員を雇用していて，調査員は主婦や学生のアルバイトも少なくない．できれば調査員数や彼ら自体の属性（性，年齢など）も把握することも，情報となろう．調査「回答」は，意識するにせよ，しないにせよ，面接調査員と回答者との相互作用の結果である．「回答」には，調査員のくせが反映されるのである．極端な場合は，調査員による各種の偽造データが生まれることもある（原，1992）．

1.3.2　種々のサンプリング方法

a．ランダム・サンプリング　標本調査の理論的基礎は，調査対象の母集団の要素のすべて（例：日本人の成人男女）が記されているリストから，あらかじめ決められたサイズの回答者のサンプルを無作為に取り出す「ランダム・サンプリング」である．サンプル・サイズは，標本抽出にともなうサンプリング・エラーを考慮して決める．日本の全国調査では，予定サンプル・サイズは，通常 1000〜3000 人程度である．そのとき，サンプリング・エラーは±数％程度になると推定される（鈴木・高橋，1992）．

現実には，全国調査のように広範囲の調査では回答者に接触するための種々のコストを考えて，「層別多段抽出」によるランダム・サンプリング法が採られることが多い．一例として，われわれの研究所による日本の全国調査におけるサンプリング法の実際を簡単に示そう．

統計数理研究所による「第 9 回日本人の国民性意識調査（1992 年 10 月）」（統計数理研究所・研究リポート No.75）の場合，まず全国の市町村を地方性と人口規模を考慮して層別して，各層より合計 300 地点を選ぶ．その 300 地点は，まず市町村を確率比例抽出し（第 1 段サンプリング），選ばれた各市町村から投票区を確率抽出する（第 2 段サンプリング）．最後に，抽出した投票区の有権者名簿より，その地点に割り当てた人数（平均 18）のサンプルを等間隔抽出で選ぶ（第 3 段サンプリング）．具体的には，1 から投票区の名簿の人

数 n までの範囲の乱数を一つ発生させ，それを x とすると，名簿の最初から x 番目の人を抜き出す．次にそこから，$n/7$ 番ごとに 1 人ずつ抜き出すのである（途中で名簿の最後にきてしまったら，最初にもどって続ける）．

　計画サンプル数は，全国で 5400 人である．多段抽出は，回答者と接触する費用，労力を減ずるための手段だが，サンプリング・エラーは増加する．一方，層別抽出はサンプルの居住地（都市部か地方か等）の分布を考慮して，意図しない標本のバイアスを除き，サンプリング・エラーを減ずる方策である．

　先に述べたように，標本調査の理論的基礎はランダム・サンプリングであるが，現実には，今日では戸籍簿や整った選挙人名簿のある日本ぐらいでしか可能でなくなりつつある．しかし，日本でも，一般の人々の在宅時間の減少や治安のための回答拒否の増加による社会調査の「データの回収率」低下が大問題となり，社会調査の遂行そのものが危うくなっている．大都市ではすでにかなり以前より，回収率は 50% 以下になっていると思われる．特に，年齢では若年層，性別では男性への接触がむずかしくなっている．

　　注：戸籍や選挙人名簿については，民間の人は必ずしも自由に閲覧することができない場合があり，またプライバシー保護の問題などから公的な調査においてすら，名簿の閲覧を完全に拒否する地方自治体も出てきている．こういった場合，全国調査でランダム・サンプリングを用いたと称していても，一部，クオータ（割当）・サンプリングで代用している場合があるようである．この場合，割り当てられるサンプルは，当該の地点で男女半々，年齢も老若に偏らずに取られると思われるが，いずれにせよ考慮されている属性以外に関しては，偏りが不明であり，統計的には好ましくはないとされている．しかし，現実の調査では入り込んできているようである．

　国によっては，歴史的発展のなかで，上記のサンプリングとは異なる標本抽出法を利用し，そのノウハウを蓄積しているところもある．例えば，米国では 10 年以上前はクオータ・サンプル（地点は無作為抽出，回答者は各地点でのクオータ）などで面接調査が行われていたのであるが，今日では面接調査に伴う面接員および回答者の危険回避のために，電話調査が主流となってきた．この電話調査の場合，コンピューターで乱数を発生させ，電話を次々にかけていくような RDD (ramdom digit dialing) 法が用いられるときもある．また，欧州の多くの国では戸籍簿があるわけではなく，また労働者の国境を越えた移動も多く，日本のようなランダム・サンプリングを用いることはむずかしい．

欧州では，次に説明するランダム・ルート・サンプリングを伝統的に利用する国も多い．

b．ランダム・ルート・サンプリング　ランダム・ルート・サンプリングは，サンプルにいかなるバイアスがあるのか必ずしも明確ではなく統計学的には好ましくないといわれているが，実質的にヨーロッパの多くの国で用いられているようである．しかし，同じランダム・ルート・サンプリングと称するサンプル抽出法であっても国や調査機関の事情で多様であり，各場合に具体的手法を吟味する必要がある．以下は，一般論としての説明である．

欧州では，比較的小さな道にまで名称がついていて，その地図とリストが電話局や郵便局によって発行されている．これを利用して，そのリストのなかから「道」をランダム・サンプリングし，抽出した道に沿って住民を訪問し，あらかじめ決めておいた数の回答者を得る手続きをとることが，伝統的になされているようである．

実際には，まず選ばれた道の始まり地点の家（例：道の左側）を訪問し，面接調査の許可を求める．バースデイ法（その家庭で，調査時点からみて，例えば最初に誕生日を迎える人を選んだり，乱数を用いて誕生日を何番めに迎える人を選ぶか決めたりする）等を用いて，その家の家族から回答者を求める．最初は，後日面接調査をするというアポイントメントを取りつけるにとどめることもある．回答を拒否された場合は，その抽出した道に沿って（例えば，道の左側に沿って進み，仮に交差点に出れば，左折する），次の住民を訪問するのである．

この方法では，見かけ上は回収率が100%となるが，拒否率を考えると，実質上，ランダム・サンプリング流に考えた回収率は，イタリア，オランダ調査では30～40%程度であった．

全国調査では，まず地域区分地図で地点をランダム・サンプリングして，次に選ばれた各地点で，道のリストを利用してランダム・ルート・サンプリングをする二段抽出法が採られることが多い．

上記のように，統計的推測の理論的観点からは，ランダム・ルート・サンプリングはあまり望ましくはないといわれているが，社会調査法にも地域や時代の影響があり，すでに歴史的なノウハウが蓄積されている方法として欧州では利用されているようである．より詳しくは，2章のイタリア調査（Pragma社）

とオランダ調査（NIPO 社）の具体的方法の説明を参照していただきたい．

1.3.3　質問文の翻訳

　質問文の翻訳については，一般に誤解が多い．もともとが日本語にせよ外国語にせよ，ある質問文を語学の達人が一語一語ていねいに翻訳すれば，国際比較調査のための質問文が完成されると思うのは，間違いである．単純な逐語訳では役に立たないところに，国際比較調査研究のむずかしい点があり，また，そこを手がかりに国々の比較が可能となることを認識するのが肝要である．

　逐語訳の作業のレベルでも，語源は同じ単語でも違うニュアンスをもつ語があり，注意が必要である．例えば，「権威」を現す言葉の gezag（蘭），authoritut（仏），authority（英）は同語源であろうが，国によって「政府」，「警察」など異なるイメージで思い浮かべるということである．こういった差が，それぞれの国の社会制度，政治や歴史を反映していることも多いのである．こういった情報は，調査回答の結果の数値からだけではわからないものである．

　結局，バック・トランスレーション（BT）の繰り返しを利用することが，望ましいと考えられる（3 章参照）．しかし，それでも問題は完全に解決されるわけではないし，逆に，その点に本当の文化の差が現れるともいえよう．

　われわれは，BT で完全に解決できない場合，少し表現の違う質問文（質問文は同じで回答カテゴリーの翻訳に差がある場合も含む）を同質のサンプルに用いて比較したが，翻訳の違いによる回答の分布差は，項目によっては 10～15% 程度あった（3 章「調査票 A, B」p. 57 参照）．したがって，国際比較で 10～15% の差が見い出されたとしても，直ちに「国による差」と結論すべきでないことになる．単に，翻訳の仕方による差かもしれないからである．

　また，われわれの場合，調査票の作成時に，翻訳の仲介者によって回答肢に中間回答 'both' を立案者の知らない間に入れられた．これは，回答者が答えやすいようにという市場調査に慣れた者の意図であったが，われわれの意図と全く逆のもので，他国との直接の比較を不能にしてしまった．一般に，回答カテゴリーのなかに，中間的回答肢を挿入する場合としない場合の違いに注意しなければならない．つまり，それを考慮してあえて入れる場合と入れない場合を決定する必要がある．そもそも，一般に，特に日本の場合，回答者はまず'その他' や 'わからない' あるいは中間回答を選ぶ群と，'賛成' にせよ '反対' にせよ明確な回答をする群とに分かれるのである（林，1993 b，p. 84 参照）．

回答カテゴリーにおける大小，強弱の順番は，国によって自然と思われる順番が異なることもありうるので注意．例えば，日本では「1.満足，2.やや満足，3.やや不満，4.不満」は「1.very satisfied, 2.satisfied, 3.unsatisfied, 4.very unsatisfied」とした方が適当なこともある．日本人にとって「非常に」という副詞は強すぎるのである．また，日本の「1.賛成，2.どちらともいえない，3.反対」は米英独では「1.賛成，2.反対，3.どちらともいえない」の順の方が自然であったり，仏ではプリテストで回答の多かった順にしたりすることもある．その他，DK（don't know，わからない）や NA（no answer，無回答）等の取り扱いも各国での既存の調査に合わせることもありうる．

また，回答者が答えやすいように，各質問の回答選択肢をカードとして提示する場合と，提示しない場合の結果の差異についても注意が必要である．より詳しくは，3章を参考にしていただきたい．

1.3.4 データ収集段階の注意

質問票が完成したとして，さらにそれに面接員への指示書をつける必要がある．面接調査員への指示のなかには，「訪問した回答者の家までの地図を描かせる」を含ませることによって，面接調査の履行を確実にさせる（調査員によるデータ捏造を防ぐ）．

後の編集作業等を考えると，例えば，自由回答の翻訳結果はパソコンの互換性のあるディスク・フォーマットをして，テキスト形式でデータ入力してもらった方が好ましい．

調査機関のデータの送付の際は，後にデータの細部について確認が必要となろうから，計算機による回答集計データおよび原票のコピーを，調査実施担当者にも保管させるべきである．

1.3.5 データ分析を通じた特性の把握

a．回答数値データの分析　まず，フェイス・シートの分析により，回収されたデータのうちの各属性別の回答者の比率が，母集団である全国民における比率（国勢調査データ）とほぼ同じような分布を示していることを確認すべきである．これにより，標本計画が成功しているか，否かを調べる．極端に偏っている場合は，適切にデータにウェイトをかけなければならないこともあるが，その場合は，対応する属性のサンプルの大きさが極端に小さいと信頼性が

低くなりすぎることもあるので注意．またウェイトをかけたデータは，単純集計に対応する統計量の推定には用いても，クロス表分析や多変量解析においては，慎重な解釈や注意が必要であろう．

また，面接時の調査員による回答の記入や，計算機へのデータ入力の正誤を確認する意味で，例えば「医師，弁護士，教師等」の専門職に属する人の「学歴（あるいは，何年間学校へ通ったか）」の回答を調べることが考えられる．常識外の結果がみられる場合は，個票をチェックし，該当する回答者を面接した調査員に再確認させる．

次に，各項目ごとに各回答カテゴリーの回答分布の単純集計表を検討する．もし'その他'の回答が無視できないほど大きい場合は，回答内容をさらに分析し，必要があれば'その他'のなかみを詳細に再カテゴリー化する．また，例えば「宗教」の分類で'仏教'の回答カテゴリーを選択した者のなかで，注釈として特定の宗派を付記した者が無視できないほど多いような場合も，新たなカテゴリーを設けて再カテゴリー化することもある．

一応，データ・クリーニングができたとして，まず各質問ごとの単純集計表を，各国ごとに，SPSSやSAS等の統計ソフト・パッケージを用いて出力してみる．一般論として，同地域でのほぼ同時期に複数の機関による調査の結果を比較してみると，理論的には同じ調査方法を用いているにもかかわらず，調査機関が異なると全体の傾向として回答分布に5～10%程度の差が出ることもある．しかし，個々の機関によって絶対値の%の数値は異なっても，各機関ごとの経時的変化の傾向は一貫していて信頼できるといえよう．

次に一歩進めて，クロス表分析（林，1993a；林，1993b，p.99参照）等もできる．まず回答者の属性カテゴリー別（男女の性別，老若の年齢別，学歴の高低，職業別）ごとの，各質問に対する回答分布が比較研究できる．これによって，単純集計より一歩ふみ込んだ比較を行うことができるが，国際比較においては，属性の意味が各国で必ずしも同じではないことは注意すべきである．

注：職業，学歴等の属性カテゴリーは，各国の状況の差から単純には比べにくく，そもそも名目上のカテゴリーと実際が対応しないこともあるので注意する．例えば，英国でのskilled workerは長年同じ職場で働いている「仕事に慣れた人」程度の意味であるが，ドイツでは「熟練の専門職人」となる等である．また，欧州のカトリックとプロテスタントの回答パターンは，米国ではむしろその逆の集団の回答パターンと対応してい

1.3 調査実施上の注意事項

ることが知られており,「属性別の回答パターン」の比較分析ではなく,むしろ,回答パターンの類似性から各国で「同じ」あるいは「対応する」属性を特性づけるという視点がありうる(林・吉野ら,1998,第II部2章,林文の分析例参照).なお,ヨーロッパの十数か国で定期的(4回/年)に同時調査されている Eurobaromter (EU Committee 主催) の調査では,質問文のみならずフェイス・シートにおける回答者の属性カテゴリー分類も共通となっているので,われわれもこれを利用している.

次に,質問間のクロス表分析を行うことができる.例えば,質問1で 'Yes' または 'No' と答えた人々は,質問2では,それぞれ何%が 'Yes' または 'No' と答えているか等を分析することである.このクロス分析により,見かけ上は2つの国で,各質問の回答の単純集計結果の全体の回答分布は同じであっても,実は,回答者個人のレベルでの回答パターンがかなり異なっているのを発見できることもある.実際,われわれは,初めての海外調査であった1971年ハワイ日系人調査のデータ分析から,これを発見し,「考え方の筋道」の分析と称するようになった(林,1993b).

この単純集計表とクロス表だけからもかなりの情報が得られるので,いたずらに十分理解できていない複雑な統計分析へ進むのは賢明ではない.特に,今日では,統計ソフトのパッケージの普及で,「データの尺度」の性質(カテゴリカル・データか,順序尺度か,間隔尺度か)等を十分に理解していない者でも機械的に統計手法を用いて数値結果が出力できるのであるが,これは危険である.

しかし,実のところ,複雑な国際比較調査データを初めから終わりまで,単純集計表やクロス表のみで分析して何かを発見することはむずかしい.ある分析にとって,適切な項目や項目群があらかじめわかってはいない段階で,いたずらに項目の回答分布を比較しただけでは,その場限りの「解釈」の「発案」を繰り返し,結局,矛盾に行き当たるだけであろう.

より進んだ分析を進める必要がある場合,いくつもの質問の間の回答パターンをとらえるには,多変量解析を利用しての分析が考えられる.多変量解析 (multivariate analysis) とは事象を規定する複雑な要因に作用する働きを多次元的に測定し,事象に対する要因分析するための一連の統計的手法の総称である.

多変量解析は多くの変数間の相関関係を分析する手法で,扱うデータの種類

により以下のように分類される．

多変量解析の分類の際に本質的な基準として，次の3つがあげられる．

① 外的基準が与えられているか否か．

② 説明変数（独立変数），すなわち $Y=f(X)$ の X に相当する変数で，基準変数（従属変数）である Y の変動を説明する変数が，序数尺度や名義尺度の非計量データか，比例尺度や間隔尺度の計量データか．

③ 説明変数と基準変数（従属変数）のそれぞれに含まれる変数の数（一つか，複数か）．

多変量分析は適切に用いると，複雑なデータから重要な情報を簡明に浮かび上がらせる．これを手がかりに，再び単純集計表やクロス表へもどってみると，「なるほど確かにその情報がここにも現れている」と気がつくことも多い．

われわれが分析結果を発表する場合は，対象が統計研究者であるか，必ずしも統計の専門家でないかを考慮しなければならない．例えば，新聞発表のように一般の人々が対象であれば，多変量解析を用いて発見した事実も，適切な単純集計表やクロス表などにもどって簡明な説明が可能であれば，多変量解析を用いたプロセスを省略して発表することも多い．

逆にいうと，他者のデータ分析発表をみるときは，「十分に分析した後の単純集計分析」なのか「場当たり的な単純集計分析」なのかを見きわめる必要がある．

なお，②の変数の尺度水準には，慎重な注意を要する．表1.1にみられるように，尺度水準と適用可能な分析法との対応に注意しないと不適切な結果を得ることになる．いったん数字にすると同じに見えるデータでも，順位をつけたときの「5」と，温度の「5（℃）」，長さの「5（m）」ではそれらの単位のみならず尺度水準としても全く異なり，それを無視した分析では，矛盾した結論やパラドックスが出てもおかしくないのである（吉野，1989）．

さらに進んで，自分自身で，いたずらに複雑さへ走らないように，できるだけ簡明な計量・尺度の構成や数理モデルの構築をも試みることもあろう．ただし，常に実証データの収集プロセスから，あまりに離れた机上の空論にならぬように注意することが肝要である．

b. 「自由回答」の取り扱い方　　以上は，数値データの分析であるが，「あなたにとって大切なものは何か？」のような質問で回答者に自由に答えさせて

1.3 調査実施上の注意事項

表 1.1 多変量解析法の分類

		説明(独立)変数		基準(従属)変数	
		名義尺度	間隔尺度	名義尺度	間隔尺度
外的基準のある場合	重回帰分析	—	複数	—	1
	正準相関分析	—	複数	—	複数
	重判別分析(正準分析)	—	複数	複数	—
	(線型)判別分析	—	複数	2	—
	数量化Ⅰ類	複数	—	—	1
	数量化Ⅱ類	複数	—	複数	—
外的基準のない場合	主成分分析	—	複数	—	(複数)
	特異値分解	—	複数	—	(複数)
	数量化Ⅲ類(双対尺度法)	複数	—	—	—
	クラスター分析	—	(複数)	—	複数
	因子分析	—	(複数)	—	複数
類似性指数を用いる場合	数量化Ⅳ類				
	多次元尺度構成法				
	最小次元解析				
	潜在構造分析				

① 「(複数)」は説明変数であっても,基準変数であってもよいことを示す.
② 因子分析はそのモデル構成において,一方は仮想的に与えられた潜在変数である.
③ 詳細は,例えば,『行動計量学序説』(林知己夫著,1994,朝倉書店)や『新版多変量解析法』(柳井晴夫・高根芳雄著,1985,朝倉書店)を参照.

得られた「自由回答」データは,通常,いくつかのカテゴリーに分類して処理,分析されることが多い.しかし,より深い分析を施そうとするときは,例えば「金」と「お金」のような2語も全く同じ回答として取り扱ってよいか否かの判断には慎重であるべきである (Yoshino, 1992, the BIGHT model 利用の分析を参照).これには,例えば,「金」と答えた回答者の他の質問に対する回答パターンを,「お金」と答えた回答者たちの他の質問に対する回答パターンと比較分析して判断すること等が考えられよう.

また,Lebart, Salem & Berry (1998) は,自由回答データ中の「単語の出現頻度」を分析する手法を考案している.

しかし,いずれにせよ,「自由回答データ」分析については,十分に合理的な高度の統計分析はいまだなく,まず原票や集計表を慎重に眺めて情報を得るのが大切であろう(林・吉野・鈴木他,1998,13, 14章参照).

2

標本抽出計画と調査実施

2.1 7か国調査の背景

　ここで調査の対象として考える社会は，われわれの文部省科学研究費特別推進研究「意識の国際比較方法論の研究」のドイツ，フランス，イギリス，米国，および日本の5か国（1986〜90）と，試験研究A「意識の国際比較における連鎖的調査方法論の実用化に関する研究」におけるイタリアとオランダの2か国（1992〜94）である．

　これらの調査の計画当初の状況を振り返ると，日本，米国についてはそれまでともに調査実施の経験があった．調査実施の時期の順番とは異なるが，以下，この2か国についての概要から述べる．日本調査の標本抽出計画と米国調査の標本抽出計画とは，1978年にわれわれのグループが実施した日米比較調査（トヨタ財団の補助金による研究）の際の標本抽出計画とほぼ同様であり，安定した調査結果が得られるものと期待した．

　一方，ヨーロッパの5か国に対しては，それ以前に調査実施の経験はなかったが，1980年以来の研究交流の蓄積があり，現地の研究者および調査機関の研究者と調査実施に関する予備的検討を進め，慎重に準備を進めた．したがって，調査を計画実施する段階においてもほとんど問題はなく，計画を円滑に進めることができたのであった．国際比較においては，各国の研究者とコンタクトをとり，実質上，共同研究者として参加してもらうことは，各国の社会調査の実態や注意点を理解し，データの解釈の際の誤解を避けるためにも是非とも必要なことである．われわれの場合は，ドイツのZA（社会調査データ・アーカイヴ）所長（当時）E. K. Scheuch, フランスは「対応分析」で有名なL.

Lebart, アメリカは Stanford 大学 Hoover 研究所の A. Inkeles をはじめとする各国の各分野の第一人者からの協力を得ることに成功した．

以下，2.2 節では特別推進研究で調査した 5 か国（2.2.1〜2.2.5 項）および試験研究 A で調査した 2 か国（2.2.6，2.2.7 項）についての標本抽出計画と実施経過を，各調査機関から報告されたテクニカル・レポートなどに基づいて説明する．サンプリングの誤差推定の計算例については，鈴木・髙橋（1998）を参考にしていただきたい．

ただし，詳細な点については，すでにこれらの調査のメンバー，あるいは代表であった鈴木（1996, pp. 46-62）が解説しているので，ここでは，特に注意すべき点を中心に概説するにとどめる．

2.2　7か国調査における標本抽出計画

2.2.1　1988 年日本調査

日本の調査の場合は，対象となる社会の範囲，および対象者の範囲について，次のようにまとめられる．

1) 調査内容　社会，政治，文化等を含む人々の生活一般をカバーする意識に関する 75 項目および属性（性別，年齢層別，学歴，収入等）項目である．この 75 項目のうち 26 項目については，国際比較遂行上のバック・トランスレーションのなかで，質問文や回答カテゴリーの表現に関連した問題を発見し，これを検討するために回答サンプルを 2 分し，標本としては同質と思われる 2 群の標本集団をつくり（スプリット・ハーフ方式），本来の日本語らしい表現の質問や回答カテゴリーで構成される「日本調査票 B」と，翻訳調であるが国際比較としては他言語の表現に近いと思われる質問や回答とカテゴリーで構成される「日本調査票 A」とが利用された．この日本 A，日本 B の調査票の差違については，3 章で詳しく論ずる．

2) 調査対象　母集団としては日本全国の 18 歳以上の個人の全体であり，標本は層別 2 段無作為抽出法により，4500 名が抽出された．これらは，日本 A 調査，B 調査に対して 2 対 1 で割り当てられた．

3) 調査方法　調査員による個別面接聴取法によった．

4) 調査時期　1988 年 10 月 6 日から 19 日までであった．この時期は，人々の生活（入学試験，卒業，長期休暇等が外れた時期）や天候を考えると，

1年のなかで面接調査で個別に訪問するのに適した時期の一つであろう.

5) 調査票の回収結果　次のようであった．理論上，日本A，B調査は同質サンプルであるので予想されることだが，これらの間で質問文が全く同じ項目について回収率の分布の差はみられなかった（以下に示す各項目で1%以下の差）ので，A，B併せた結果を示す.

〔調査不能の内訳〕

設定標本数：4500 名	
有効回収数：3282　（回収率72.9%）	
調査不能数：1218	
転居：　　114	住所不明：　33
長期不在：105	拒否：　　499
一時不在：436	その他：　　31

　標本抽出計画は，まず，全国の行政単位を地方別（11分類）および人口規模別（4分類）に層別し，政令指定都市（11市）を各一つの層と考え，合計55層に層別する．次に，各層の18歳以上の人口を最近時の国勢調査資料および住民基本台帳資料により推計し，層人口に比例した割合で各層に標本（$n=4500$）を割り当てる．次に各層の割当標本数に応じて，1調査地点当たり標本数が（10〜15）になるようにして各層の調査地点数を算出する．同一の調査員が，例えば20以上の回答者をカバーする状況はつくるべきではない.

　次に，各層ごとに国勢調査の調査区を調査区特性で層別した資料から，各層に割り当てられた必要な数だけの調査区（調査地点）を確率比例抽出する.

　調査対象個人の抽出は，抽出された調査区の該当する市区町村の町丁字番地から各調査地点ごとに住民基本台帳を利用して，割当標本数を等間隔抽出する.

　1988年日本調査では，計画標本数4500で抽出地点数は，都市部は243地点，町村部は72地点の計315地点である．調査できた標本数はA調査2265，B調査1017，計3282で回収率は約73%であった.

　なお，特別推進研究報告書の第8分冊，第4部，「Ⅲ.標本と翻訳の検討」の§1には，1988年日本調査のうちA調査の結果（$n=2265$）を用いて全質問項目の標本誤差等が算出してある．また基本属性項目についてはA，B両調査

を合わせた（$n=3282$）計算結果が示してある．この結果からみて，日本調査の調査データは代表性および標本精度について予期どおりのものといえる．

国際比較研究を念頭においたとき，日本における標本抽出計画は，日本の社会のあり方にそって構成されており，その特徴は「日本人を母集団とする確率標本は，容易に抽出できる」ということにある．これは，主として，日本では「住民基本台帳」や「国勢調査」のデータが整っていることによる．世界では，国勢調査すら行われておらず，自国の人口すら推計で求めている国々も少なくない（例：フィリピン，タイ）．

2.2.2　1988年米国調査

日本以外のほとんどの国々では，戸籍，住民基本台帳やそれに基づく選挙人名簿など，調査対象者全体を網羅して記載してある標本抽出台帳（リスト）として利用できるような名簿はない．したがって，調査地点として抽出された地域から，調査対象者個人を抽出するに当たり，無作為抽出法で選別しようとすると，調査対象に該当する者全部のリストの作成が必要となる．しかし，現実にこのように行おうとすると，大変手間とコストのかかる作業となる．このため，日本とは異なった標本抽出計画が用いられることが多い．1988年米国調査では，標本抽出計画は以下のようにされた．

［母集団］　米国在住の18歳以上の成人一般市民（病院や刑務所等の施設にいる人を除く）

［地域の層別］　次のように，人口規模×地方で分ける．

① 都市人口規模：米国全体を，1980年国勢調査資料に基づく都市人口規模別に次の7つの層に分ける．

   a）　大都市圏の人口100万人以上の市（または複合した市）域
   b）　大都市圏の人口25万人から100万人未満までの市（同上）域
   c）　大都市圏の人口5万人から25万人未満までの市（同上）域
   d）　都市圏でそれ以外の市街地域
   e）　都市圏以外の人口2500人以上の市域
   f）　2500人未満の町村
   g）　町に含まれない農村部

② 地方：次にこれらの層を東部，中西部，南部，西部の4地方に分ける．各地方の区分は，国勢調査資料の区分と同じである．

このようにして米国全体を人口規模×地方に層別し，各層内を地理的順序に配列する．

［調査地域の抽出］このように並べられた市郡人口を180の等しい人口の層(zone)に分割し，各層から2調査地域を抽出する．各地域の抽出は，その地域の1980年国勢調査資料の人口規模に比例した確率比例抽出法による．

［調査地点の抽出］ブロック統計が利用できるところでは，調査地域から調査地点として，ブロックあるいはブロックの組を確率比例抽出する．それ以外のところでは，ブロックあるいは地域セグメントのランダム・サンプルを取る．

各調査地点では，調査地点を含む地域の地図上に，抽出されたブロックを取り囲む道路をわく取りし，その道路上に調査出発点をランダムに選定し，それ以降の調査経路，および方向を図示する（道順の矢印はあらかじめランダムに決める）．

［調査の実施］調査は出発点における住宅の居住者の調査から始め，指示された道順に従ってそれ以降の調査を進め，初めに割り当てられている数の調査が終了するまで調査を続ける．すなわち，調査は出発点の住宅から始め，在宅者のうち調査対象資格者（18歳以上）を，世帯について1人だけ調査していく．

調査は，各人の在宅率を考え，在宅する可能性の高い週末・休日，それに平日の場合は女性に対しては午後4時以降，男性に対しては午後6時以降に訪問するよう調査員に指示した．また不在者に対する再訪問をするよりも，在宅率で加重するようにした．すなわち，在宅で調査できた対象者には調査前3日間の該当時刻（調査実施可能な時間帯）における在宅の有無を質問し，属性，地域による在宅率を推定し，不在による偏りを減少させる方式を用いた（Politz & Simmons, 1949, pp. 9-31参照）．この「加重」（ウェイト）は，単純集計表作成の場合は理論的に合理化されるのだろうが，クロス表分析や多変量解析などを適用する際は，この加重が，意図しない効果をもってしまう危惧がある．したがって，できうるならば加重方式は避けたほうがよいと，私は考える．この米国調査の場合は，分析の結果，老若の年齢差に関係して回答に大きな差が生じる項目もあるが，全体としては，加重したデータもしないデータもせいぜい2～3％の分布の差がみられる程度なので，その後のわれわれの分析ではほ

とんどの場合，加重しないデータを用いている．なお，ブラジル日系人調査（1992）では，日系人が広大な国土に散在する事情から，地点について極端に大きなウェイト（10000倍）をかけるような状況となった．しかし，この場合も，結果として，ウェイトをかけた場合でも，せいぜい2〜3%程度の違いであった．

[調査の概要] 抽出された調査地点360地点のうち，計画標本数1500に対応する322地点について，各調査地点当たり平均5人ずつ面接調査した．調査不備および調査実施後のチェックにより判明した不完全回答標本を除き，集計に利用した有効回答数は1563である．

2.2.3 1987年ドイツ（旧西ドイツ）調査

標本抽出計画は，ドイツの場合も米国とほぼ同様である．

[母集団] ドイツの場合は，標本抽出計画に利用する地区別有権者数の情報の関係で調査対象集団が16歳以上になっている．1987年ドイツ調査の基本母集団は，ドイツ連邦共和国の10の州と西ベルリン（1987年当時の西ドイツ）の16歳以上の成人である．これらの地域に居住する16歳以上のドイツ人（外国人は除く）は，1985年12月31日現在で約4686万2000人である．

[地域標本の抽出] 標本抽出計画には，ドイツ市場調査協会（ADM）がドイツの選挙人登録者資料をもとに作成しているADM-mastersampleを利用する．ドイツ市場調査協会は，各調査機関ごとの標本計画に代えて，毎年，ドイツの選挙人登録者資料に基づく全国標本計画の方式を開発整備している．これは，地域，人口規模別層別による多段確率標本法による調査地域標本である．100組の地域標本が作成され，調査ごとに1組の地域標本を利用する．各組の抽出調査地域は，全国の210地域（投票区）である．

[個人の抽出] 調査地点内では，地点内の道路について，道路ごとの有権者数の大きさに比例させて，確率比例抽出し，その道路のランダム・スタートの番地から指定されたルートに沿って3軒目ごとに調査する．

世帯内では16歳以上の成人で，次の誕生日に関する情報から調査員ごとの乱数によって，世帯について1人を抽出選定し面接調査する（バースデイ法）．もし不在なら，この標本について訪問時刻を変えて2回まで繰り返し訪問し，面接調査する．1調査地点平均5人の調査を完了するまで，調査を行う．

[調査の実施] 調査は1987年10月10日から11月16日まで実施し，全体

で標本1051の調査を完了した．訪問面接の状況をチェックし，4件は調査不備として除き，調査完了数は1047である．このうち，比較研究において調査対象の年齢条件をそろえるため，年齢16,17歳の対象をはずしたので，集計標本は1000である．なお，東西統一後では，ドイツ全体の母集団を西ドイツ2，東ドイツ1の割合のサンプルで調査し，データを統合することが多いようである．

2.2.4　1987年フランス調査

フランスでは，選挙人登録簿の資料等は，国（公共）の調査機関でなければ利用できない（最近は日本でも，プライバシー保護の観点から住民票などの閲覧がむずかしくなりつつあり，一部の地方公共団体では，国の研究所などの公的機関ですら，閲覧の許可が出なくなった．この傾向は，今後，ますます強まるであろう）．したがって，米国，ドイツ同様，確率地域抽出法により調査地域を抽出し，抽出調査地点では割当法（クオータ法）により個人を抽出することになる．

［母集団］　18歳以上のフランス市民（18歳以上人口は3344万5200人）．

［地域の層別］　最近時のフランス国立経済統計院（INSEE）の国勢調査データにより，全国を地方（9分類）と人口規模（4分類）で層別し，パリ大都市圏は別枠とする．

［調査地点の抽出］　地方×人口規模による36層およびパリ大都市圏の18歳以上の人口の大きさに比例して，計画標本数（$n=1000$）を割り当てる．次に，1調査地点当たりの標本数を平均10として調査地点数を求め，パリ地区以外では88地点を抽出した．パリ大都市圏には11地区（パリ地域は8地点）を割り当て，合計99調査地点を抽出した．

［個人の抽出］　調査地点内の個人の抽出（選択）は，各層における母集団の性，年齢，世帯主の職業の各属性の最近時の国勢調査データによる構成比率に従って割り当てる．

［調査の実施］　調査は，1987年9月28日から10月16日の間に面接調査法で実施された．調査完了標本1020のうち調査状況のチェック等により7件を除き，集計サンプルは1013である．調査完了標本の属性別構成を，国勢調査のそれと対比すると，性別，職業，地方別に関する各のカテゴリーごとでは1％以下の差に納まり，10歳刻みでの年齢層別では，高々2,3％の差がみられ

る程度であり，標本抽出という点では，満足のいくものであったといえよう．なお，先述したように，国々によっては国勢調査すら行われておらず，調査報告書の母集団と回収標本の各属性の分布表に記されている「母集団」の分布は何らかの方法による推計となっている可能性もあることに注意する．

2.2.5　1987年イギリス調査

イギリスでは，毎年更新される基本選挙人登録簿が大英博物館の資料部で公開されていて，用途，目的等を記して閲覧を申請すれば誰でも閲覧できる．しかし，全国の開票区，投票区ごとの選挙人名簿を集積し整備するのは時間がかかるので，最新の名簿を利用した標本抽出計画を立てるときは，この点を考慮する必要がある．1987年イギリス調査の標本抽出計画は，確率標本法（層別2段抽出）によって実施した．

［母集団］　イギリス（Great Britain）在住の18歳以上の有権者．

［地域の層別］　国勢調査データによる分類システム（国勢調査の調査区特性）により，地域を層別する．

［層の決定と調査地点の抽出］　層別は，地方別と上述の地域特性別の組み合わせによる．層人口に比例して，各層に150地点を比例割当し，各層から国勢調査の調査区（CED）を確率比例抽出する（CEDは平均150世帯）．

［個人の抽出］　抽出されたCEDに該当する地域の選挙人登録簿から，1調査地点当たり10サンプルを系統抽出して，氏名，住所を受持名簿に転記する．

［調査の実施］　各調査員は受持名簿に記された調査対象者に，順に面接する．しかし，選挙人登録簿が作成されてから日時が経過しているので，死亡，移転，地域の再開発等のため該当者がいない場合や住所が不明の場合がある．このときは調査地域から，同一住所への転入者などをリスティングして代替標本とする（全調査対象のうち10%程度になる）．調査拒否が予想以上に多く，調査完了数は1049であった．このうち，属性別のクロス表の分析等により調査不備と判明した6件を除き，集計に利用した標本数は1043である．

以上の5か国における標本の代表性についてみると，各国の調査結果の一次的属性分析によって国勢調査結果と比較し，計画した水準を達成していることが確認された（特別推進研究報告書17分冊資料1～5参照）．

次項から，試験研究Aで遂行したイタリアとオランダの調査を，少し詳細に説明しよう．

2.2.6 1992年イタリア調査

この調査の対象はイタリア人の18歳以上の男女である（国勢調査によると4251万4199人である）．サンプルは，イタリア全体から3段階無作為ランダム・ウォーク（random walk）方式により，18歳以上の成人約1000人（男女比同じ）を抽出した．現地調査は，Pragma社が請け負った．

a．サンプリングの方法　ランダム・ルート・サンプリングを用いて，3段階で，サンプルを抽出した．

第1段階では，前もって都市化のレベルに応じて分類されている各地区のなかから市郡（municipalities）を選んだ．サンプル・サイズは，1人の面接調査員の面接数が10を越えないように配慮して，各地区からそれぞれの規模の市（大中小といった形に，規模によって市がいくつかのクラスに分類されている）が代表されるように決め，その数が決まったら各グループ（地区×規模）からサンプリング地点をランダムに抽出した．"class interval"（以下参照）は，各グループの市郡の数とフィールドワークを行うサンプリング地点の数の割合によって決めた．

例としてピエモンテ地区の場合を示す．同地区には137の市郡があり，2つのサンプリング地点が必要である．ランダムに，例えば105という数が抽出され，それが第1番目のサンプリング地点となる．この数に，この地区の市郡の合計数137をサンプリング地点数の2で割った数68を足して，2番目のサンプリング地点とする．この場合は，105＋68＝173となり，全市郡の137を超えるので，そこから総数の137を引いて36とした．

$$137/2＝68 \quad (これが class\ interval となる)$$
$$105＋68＝173$$
$$173－137＝36$$

市郡の番号を無作為抽出する際には，0から9までの番号札の入った箱から1枚引いて，その番号を別の紙に控え，またその番号札をもどして2回目を引くというように，一つの番号を引いたら必ず元にもどすという方法を採った．

第2段階では，各サンプリング地点（sampling area）において調査開始点を選んだ．英語のアルファベットが1文字ずつ入った箱のなかから文字を抽出し，電話帳のその文字のページの部分から道の名前を抽出して調査始点とした．

注：イタリアでは，すべての道に名前がついていて，電話帳には各地域で，道のリストの順に対応させて，電話保有者の電話番号と名前が掲載されている．この電話帳は，電話加入者に無料で配布されるものである．

第3段階では，「ランダム・ウォーク」（random walk）方式で回答者を選んだ．その道で一番小さい奇数の番地の世帯を1番目に訪問し，調査を試みた．アパートの場合は，その棟で4世帯ごとに調査を試みた．不在の場合や調査を拒否された場合は，そのすぐ上か下のアパート番号の世帯を調査した．各世帯では，バースデイ法を使って，1世帯ごとに1人面接者を選んだ．不在の場合は，面接ができるまで一つの住所に最高3回まで通った．それ以後は，その道にそって歩き，3軒（building）ごとに調査を試みた（道の「左側」の家のみを訪問し，交差点では「左側」に曲がるなどのルールがあるが，実験調査データではこれをすべて「右」としても差はあまりみられなかったと，オランダのNIPOの調査担当員は話していた）．

b．面接調査員に配布した資料　面接調査員には，フィールド調査の責任者（Pragma社員）と，この国際調査の責任者（統計数理研究所員）から調査概要を説明し，そのうえでランダム・ルート方式を使ううえでの厳密な規則と詳細な指示を与えた（調査を海外で依頼する場合，できるだけ現地に赴き，現地の担当者と直接，打ち合わせや最終確認，予備・本調査の打ち合わせへの立ち会いをするべきである）．面接調査員には全員，下記のことを書いたカードを与えた．

① 調査対象とその定義
② 面接すべき数
③ Pragma社（イタリア調査実施機関）の連絡係
④ 1面接ごとの報酬料
⑤ フィールド・ワークのスケジュール

さらに，指定の紙にフィールド・ワークの記録をきめ細かくつけてもらい，面接がすべて終わりしだい，質問票と一緒にPragma社に送り返すように指示した．また，面接調査員にはPragma社からの任命書に署名してもらった（面接調査員への指示，注意事項の例として，2章末の付録Aにオランダ調査での指示書の英訳を掲載してある）．

c. 質問票の作成

1) 質問文の翻訳　統計数理研究所はPragma社に，75の質問および個人の属性に関する質問24の計99問を含む英語とフランス語の質問票を送り，Pragma社がイタリア語に翻訳をした．イタリア語に翻訳する際には，社会階級や教育レベルにかかわらず，回答者が容易に理解でき，疑問をいだかず回答できるように，イタリア人の意識や生活の仕方を十分に考慮した．

最善なものをつくるために，依頼側（統計数理研究所）とPragma社両方で数々の推敲（日本側の代理店を通じ，Faxでのやりとり）を重ね，依頼者が完全に納得したうえで，質問票が印刷された．

2) 予備調査　1992年の43週目に，6人の面接調査員によってローマ地域で15の面接，ミラノ地域で15の面接，計30面接の予備調査が行われた．この面接調査員たちは，ローマとミラノのPragmaの本社で依頼者たちの立会いのもとで，Pragma社のフィールド調査責任者からこの調査全般に関する説明を受けた．

さらに，ローマ，ミラノの大都市のほかに，メンタナ（町）というイタリア中央部にある小さな町をサンプリング地点に含めた．短時間で調査を実施しなければならないため，予備調査においては面接調査員の要望に応えて，調査始点をあらかじめ指定した．

予備調査を通して直面した問題などに関しては，面接調査員をローマに集めての調査後の会議で，面接経験，面接結果などを考慮しながら討議した．回答者がわかりやすく，また面接調査員にも質問しやすいものになるように，面接調査員たちも加わって最終的な質問票を作成し，依頼側の承諾後に印刷した．

d. 本調査

1) 調査期間　調査の実施期間は，1992年11月23日から1992年12月9日までであった．

完了した面接の総数は，1048であった．124のサンプリング地点を，134人の調査員が134の調査始点から調査した．面接調査員たちには，1000の面接と補助サンプルとして使う76の面接（特に回答率の悪いと予想される地域）を合わせて，1076の面接を依頼した．最終的には，134人の調査員中の2人だけが質問票と記録を送り返してこなかった（合計20の面接のロス）．調査後の電話確認で8件を無効として，面接完了数は1048である．

面接調査員各人に，前述の方法で調査始点の住所を与えた．0から9までの番号札の入った箱のなかから何回か番号を抽出し，それによって電話帳のページを選んだ（何回番号を取るかは，その市郡の電話帳のページ数によって決めた）．その次に，aからzのアルファベットの札が入った箱から，アルファベットを一つ抽出した．先に選んだ電話帳のページから，そのアルファベットで始まる道の名前を捜し，それを調査始点とした．

面接調査員全員，その道のなかで一番小さい番地で居住用に使っている家から調査を始め，その道に沿って進むようにした．しかし，場合によってはその市郡の事情によって，指示された道をたどれず，その都度，変更が必要なこともあった．例えば，ある道は田園地域の方に入っていってしまい，農家の建物が居住用でなく倉庫として使われていたり，また行き止まりになっていてやむをえずもどらなければならなかったり，またあるときにはその道が別の町につながっていて，それに沿って行くと違う市郡に入ってしまったりした．

2) 面接遂行中に生じた問題　　北イタリアでは，天候によって調査が遅れたり困難になったりした．濃霧や大雪で，面接調査員が自宅から出ることもできないなどということもあった．

面接調査員は皆，身分証明書と自己紹介の手紙（Pragma 社からの紹介状）をもっていたにもかかわらず，自分の世帯が面接に選ばれたことに驚いて，面接に応じる前に Pragma 社のフリー・ダイヤルに確認の電話をしてきた人もいた．しかし，概して面接調査員にきちんと調査の説明をしてあったので，特に面接においての問題はなかった．

3) 面接の確認　　面接調査員が指示どおりに遂行したかを確認するために，1人の面接調査員に対して最低1件，全体の 15% の面接を Pragma 社より，後に電話で確認した．その結果，ある1人の面接調査員の行った面接のすべて，計8件を無効とした．

4) 編集とデータ入力　　Pragma 社の「フィールド調査部門」で確認された質問票は，「編集・コーディング部門」に渡された．ある程度の数の質問票が集まりしだい，この部門の責任者はコーディング係に連絡をとり，仕事の日程の相談をした．

5) 回答データの完備性の確認　　まず，この調査の責任者とコーディング係の人たちが集まり，回答済みの質問票をよく検討した．この際，データマッ

プを使って回答一つ一つに値を与え，また，いくつかの質問への回答の一致度をみる原理を考えた（p. 13，p. 22 参照）．この打ち合わせの最後に，この質問票に関する疑問点などを話し合い，説明して明確にした．

その後質問票を分配し，コーディングを開始した．責任者はコーダーの仕方に間違いがないか，また指示した方向に進行しているかを一つ一つチェックした．質問票がきちんと回答されていなかったり，解釈できない場合には，フィールド調査部門に送り返し，その矛盾を解くために，もう一度電話で回答者に確認させた．そして，ある程度の質問票が集まりしだい，「データ分析部門」に送った．

6) 自由回答データの編集　　自由回答以外のデータの入力後，質問票は「編集コーディング部門」にもどされ，磁気テープに自由回答部分をコピーした．さらに依頼者の指示のとおり，多選択肢の各質問における「その他」の回答の部分のリストを作成した．コーディング部門は監督者1人，その他3人で成り立っている．

7) 回答データの一貫性の確認　　「計算機処理（EDP）部門」では，一般に個人の属性のデータを対比させて回答データをチェックする．具体的には，下記のデータを対比させて確認した．

① 年齢と職業
② 年齢と教育レベル
③ 婚姻状況
④ その他の家族の状況に関するデータ

一致度は，似ていたり関連していたりする質問間の回答の整合性で調べる．例えば，この質問票には宗教（所属宗派）に関する質問が2つあり，チェックの段階ではこの2つに対する各人の回答を比べた．データの入力が済んだら集計をし，その結果を印刷して，各選択肢に同じ数の回答があることを確認した．

集計結果については，この調査の責任者に最終的に承認してもらった後，データ・テープ（現在ではPCフロッピーディスクやCDとなろう）を作成した．

8) 標本の代表性の確認　　上記のようにしてPragma社から得られたデータに対して，標本の妥当性を確認するため，この標本の個人的属性の統計とイタリアの国勢調査に基づく人口統計から引用した統計を比較した（表2.1）．比較した変数は次のとおりである．

表 2.1 イタリア調査における標本の代表性

(a)

年齢 (歳)	国勢調査データ (ISTAT)	標本分析
15〜30	30.18%	28.87%*
31〜40	16.92	17.27
41〜50	16.55	17.08
51〜60	15.61	16.60
61以上	20.74	23.18

*：ただし18〜30歳

(b)

性 別	国勢調査データ (ISTAT)	標本分析
男	47.72%	47.81%
女	52.28	52.19

(c)

婚 姻	国勢調査データ (ISTAT)	標本分析
独 身	22.57%	23.38%
既 婚	66.74	64.21
死 別	9.37	9.06
別 居	0.96	2.10
離 婚	0.36	1.24

(d)

地 域	国勢調査データ (ISTAT)	標本分布
Valle d' Aosta-Piemonte	8.55%	9.06%
Liguria	3.49	4.39
Lombardia	8.81	6.87
Milano	7.29	8.40
Trentino	1.53	1.43
Veneto	7.72	7.44
Friuli Venezia Giulia	2.31	2.39
Emilia Romagna	7.49	8.02
Toscana	6.74	6.68
Marche	2.60	2.48
Umbria	1.51	1.43
Lazio	8.84	9.16
Molise-Abruzzi	2.75	2.96
Campania	8.83	8.40
Puglie	6.27	6.11
Basilicata	1.02	0.95
Calabria	3.39	3.24
Sicilia	8.24	8.11
Sardegna	2.62	2.48

① 性別と年齢（人口の分布）
② 地域（地域的な分布）
③ 家族状況（家族状況を正しく考慮するため）

以上では，年齢については標本の方が国勢調査データよりも若年層が少なく，高年齢層が少し多いのが目立つが，これは今日の調査一般の傾向であり，また数学的にも単純集計の結果に大差を生むほどではない（逆にいうと，現実の調査データはこのような傾向があるのが普通で，データが偽造ではないことの確認点として用いることができよう）．

2.2.7　1993年オランダ調査

調査対象は，18歳以上のオランダ国籍をもつ者である．

a．標本抽出　現地調査を請け負ったNIPO社が，オランダ全居住者のマスターサンプル・テープを保有している．これは，一種の「住居番号簿」のようなもので，各地の道路（street）と住居番号（4桁の数字と2英文字でで

きている．例：1365 AC）が，翌年建築される住居も含めて記してある．マスターサンプル・テープは，毎年更新されている．このテープには，会社などの建物の番号まで含まれているが，NIPO 社が保有している「会社のみの住居番号簿」を利用して，それらを除くことができる．

NIPO 社は，このテープを利用して，毎年一度 20 万人から 25 万人の居住者の住所を無作為抽出して，その年に必要な面接調査のための標本リストを作成している．次に，それらの番号を 647 の市郡（municipalities）ごとに，ランダムにまとめたリストを作る．面接調査の必要なときに，各市郡において，そのリストの最初の住所番号を選び出すようにしている．

1）住居番号テープからの代表サンプルの抽出法　オランダの全住居番号のうちの各市郡の割合は，既知である．これらの市郡は，次のように 2 つに分類されている．

① 代表市郡：大都市部の市郡は常にサンプルに含ませている．

② 非代表市郡：特別の配慮をする市郡．これらのうちのいくつかを，ある経済地域層の区分に含ませる．その地域で必要な面接（interview）の数を考えて，適正な数の市郡を無作為に選び出す．

これら 2 分類と市郡の割合を考え，住居番号を無作為に抽出するのである．

2）各住居での面接回答者の選出法

［母集団］　18 歳以上のオランダ国籍をもつ者．

［無作為抽出］　バースデイ法を用いる．

［選ばれた各住居での面接回答者数］　1 名のみ．

［各面接地点での面接回答者数］　4 名．

各面接者は，無作為抽出された住所を調査担当者から受け取る．これが出発点となり，4 人の面接回答者を求めるのである．訪問すべき住所は，この出発点に最も近いところとなる．訪問先では次の 2 つの行動のどちらかをとる．

① 訪問先が不在などで，ドアを開けてくれなかった場合は，後で再訪問することとし，次の住居を訪れる．再訪問は，最高 3 回まで繰り返す．

② ドアを開けてくれた場合は，抽出した回答者に面接を試みる．その回答者が不在の場合は，後日面接するための約束（アポイントメント）を取りつけるようにする．面接が拒否された場合は，次の住居を訪れる．

b．面接調査員の確保　NIPO 社では，常時 1200〜1300 人の面接調査員

を確保している．回答者の標本抽出の後に，各サンプリング地点の近くに居住する調査員が選ばれる．調査員を選ぶ際は，その調査の内容を考慮し，調査員の社会・経済的属性や仕事振り，他のプロジェクトと兼任している数，住居地，連絡の手段が考慮される．

c．調査遂行の手続き

1) 質問文の翻訳　　まず，NIPO 社の専門家によって質問文の英訳版に基づいてオランダ語に翻訳される．もし何らかの問題が生じた場合は，他の国語（米語，仏語，独語）の翻訳を参考にする．この翻訳には，オランダ人の文化背景とこれらの質問に対する態度を十分に考慮する．

そのオランダ語訳文を，日本側代理店 R 社の専門家（日本人翻訳者）により，再び日本語訳する（バック・トランスレーション）．その日本語訳と本来の日本語質問文とを比較検討し，本質的な差異が見出された場合は，該当する質問文を，オランダ語翻訳者と日本語翻訳者双方に検討させる．最終的には，NIPO 社側に修正させる（ただし，さらに，予備調査中に発見された問題点を考慮して修正したものもある）．

2) 予備調査　　オランダの各地域（provinces）と大小の市郡（municipalities）の全域に広がる 56 人の面接回答者を用いて，質問文の表現の可否がテストされた．

3) 調査時期　　予備調査：9月21日～28日，本調査：11月5日～29日．

4) 調査の有効性の確認　　本調査終了後，面接回答者中の約 15% に NIPO 社より電話し，面接が本当に実施されたか否かの確認をとった．

5) データ入力　　光学的データ読み取り装置によった．

6) 自由回答質問の回答データ　　本来のオランダ語回答 1083 名分とは別に，英語を母国語とする者がオランダ語自由回答を英訳した．

d．調査結果の概要　　ここで注意すべきことは，日本の調査での無作為抽出標本を用いた場合の回収率と，オランダ調査のようなランダム・ルート法による調査の違いである．後者の場合は，100% 予定サンプルの回収完了まで調査を続けるので見かけ上は回収率は 100% であるが，無作為抽出法の考え方に準じて考えると，回収率は 1083/3732 から考えて 30% 程度となる（表2.2）．

以上，7か国の標本抽出計画について概説したが，鈴木（1996）にはさらにハワイ日系・非日系人調査やブラジル日系人調査に関する標本計画が触れられ

付録 A 面接調査員への指示書

表 2.2 調査票回収結果（オランダ調査）

面接調査者数：305，標本地点数：305

訪問を試みた数	5666
最初の訪問で在宅者と接触できた数	3501
第2回目で在宅者と接触できた数	220
第3回目で在宅者と接触できた数	11
訪問して在宅者と接触できた総数	3732
接触できたが，訪問を拒否された数	
（在宅者がドアを開けなかった住居数）	2220
接触できたが，オランダの国籍を持たなかった数	116
3回の訪問にもかかわらず面接すべき回答者が不在であった数	307
最終的に面会できた数	1089
面接調査を拒否された数	6
実際に面接調査ができた総数	1083

ている．これらに関して，さらに詳細な説明は，統計数理研究所・研究リポート No. 71, 77 等を参照していただきたい．

また，ランダム・サンプリング，クオータ・サンプリング等の各種の標本抽出法における標本誤差の推定の計算例や，実践的データとの照合，検討については，このテーマの専門家である高橋・鈴木（1998）による詳細な説明がある．杉山・小寺（1994）による比較的平易な解説も参考となるであろう．

付録 A 面接調査員への指示書（原オランダ語の英語版）

Dear employee,

Instruction: Survey "Opinions in society" (V-736)

We thank you for your co-operation with this study. You hereby receive the material needed for the survey "Opinions in society". This survey will be held worldwide in several countries. NIPO takes care for the interviews in the Netherlands.

Who and where to interview
You will reveive an address to start with (see yellow address list). You

first go to that address. For the next interviews you go to the nearest address and so on.

Response-report (address list)
You write down every house-number where you ring. Registrate what happens. This registration is meant to determine how many addresses you need to realise your 4 interviews.

ATTENTION:
Write down the address where you start (see yellow address list) at the response-report. Then write down the house-numbers (addresses) you're approaching. If you have to go to another street, write the name of this other street down on the second line. Eventually a third or fourth street. If you have to go into a second street, write down near the house-number the second street.

At the first contact it can happen that:

They don't open the door
You can register this by encircling code 2. Then you go to the neighbour-address (you can come back later if they don't open the door)

They do open the door
Register this by encircling code 1.

Then:

They want to co-operate
You interview only the member of the family of 18 years or older who is the first to have his/her birthday. It's of major importance because this is a person or sample that you interview this person.   Preferably you go out for the interviews after 16 : 00 hours, because that's when you have the biggest chance of finding most of the members of the family at home. You can of course make an appointment with the respondent at a time that

most suits you and the respondent.

The firstborn refuses to co-operate
In that case this address is finished. You registrate the house-number and encircle the number that stands for refusal. Then you go to a neighbor address to try to realize an interview.

The firstborn is not at home
If the firstborn is not at home you should, if possible, make an appointment.

The firstborn doesn't have a Dutch nationality
Then there's no interview. You go to a neighbour address to try to realise an interview.

The questionnaire
Before approaching an address read the questionnaire carefully, so that you don't have to expect surprises during the interview. Use the cards if indicated in the questionnaire. Mark the interview number, at the right side at page 1.

Period of interviewing

The interviews should be held in the period of 5 until 13 November. At last at 15 November you send us back the interviews (preferably sooner).

If you have any further questions, don't hesitate to call us (Phone: 020-xxxxxxx).

We wish you success with the assignment.

Best regards,
NIPO BV

3

調査票の翻訳・再翻訳

3.1 国際比較調査における言語の差

　国際比較調査では，異なる言語を用いて，同一質問と想定される質問文や回答選択肢を表現し，またそれぞれの言語で回答を得る．この言語の相違は，単に狭義の言語上の差異のみならず，社会システムの相違等の問題を含め，質問および回答の「比較可能性」についての疑義を浮かび上がらせる．つまり，そもそも異なる言語で異なる文化地域の社会調査により，計量的に意味のある比較が可能であるのか．特に，外部から観測可能な属性（職業，経済状態等）を調べるのではなく，各国民の「意識」を探ろうとする場合は，これは見過ごせない問題であろう．また，これに加えて，2章で述べたように，おのおのの国情の差異から統計理論的にも差異がありうる標本調査法を採用せざるをえないことも多く，得られたデータの比較可能性に疑義を抱かせるかもしれない．

　われわれの研究の主要な目的の一つは，過去の実証的データ収集とその分析の経験に基づいて，この調査データの国際比較可能性を考える観点を明確にし，その立場からの実践的方法・手続きを提案することである．社会調査データ収集の煩雑な手続き，さらに国際比較調査という大規模な調査遂行の複雑な過程に伴う諸問題を考慮すると，この目的を達成するのは容易ではない．

　本章では，その目的へ向かう試論のなかで，特に質問文翻訳に関する問題解決のアプローチを具体的に示そう．全国規模の標本調査は，人文社会科学の分野では比較的まれな大規模の費用や労力を要する．まして，国際比較のための標本調査は，世界的にも希少であり，また諸般の理由から，それらの調査手続きの詳細が公開発表されることは少ない（調査機関は，独自のノウハウを財産

として秘匿しがちである).したがって,現状では,この種の研究方法や成果それ自体をレビューし比較検討し,議論することは時期尚早であろう.この点に鑑みれば,本章の質問文翻訳に関連する手続きの報告は限られたものではあるが,近い将来に国際比較調査を計画・実施される方々の参考資料となれば,本章の目的は果たせたことになろう.

以下,3.2節では特別推進研究における5か国調査の質問票作成の経緯について説明し,3.3節では質問票の翻訳の検討について述べる.3.4節では特別推進研究の成果を再検討し,方法論の確立を目標とした試験研究A (1) における2か国調査のうち,オランダの調査のための再翻訳(バック・トランスレーション)の実際の検討過程を例示する.この部分は,多少,些末で饒舌に思えるかもしれないが,実践上に出会った問題をなるべくそのまま記すようにしよう.

3.2 質問票の作成

3.2.1 翻訳質問文の比較可能性

1930年代から今日まで,数理心理学のなかで公理的測定論,あるいは抽象的測定論という分野が発展してきた.公理的測定論 (Falmagne, 1985; Narens, 1985) の立場では,許容される尺度変換のもとで不変となる性質を「有意味 (meaningful)」であるという.例えば,ある2つのクラスの生徒の身長の平均の大小関係は,身長をcmで測ろうと,inchで測ろうと不変である.この場合,身長を測る単位のcmからinch,あるいはその逆の尺度変換は許容されていて,その算術平均としての身長の平均値の大小比較は,有意味となっている.しかし,例えば2つのクラスの生徒の身長の大小の順位をつけて,各クラスごとの順位の算術平均をとって,それらのクラスの生徒の身長の比較をするのは有意味ではない.つまり,順位尺度で測られたものの算術平均は,必ずしも不変性をもたないのである.

この意味で,測定においては,有意味性は重要な概念である.ただし,科学的に意味のある概念は有意味であるべきであるが,その逆は必ずしも正しいわけではない(例:ユークリッド幾何学では,命題や定理として,平行移動や回転という許容される合同変換のもとでの不変な性質を列挙している.それらのいくつかは,現実の世界においても重要な応用や対応物があるわけだが,その

3.2 質問票の作成

他には，現実の世界の応用や対応物にはほとんど結びついていないものもある）．つまり，上記の考え方での有意味性は，科学的測定の必要条件であるが，必ずしも十分条件ではない．

国民性意識の国際比較調査での基本的な問題は，もし，調査結果の回答選択肢の選択率の「数字」の比較に意味を見出そうとするのならば，異なる母国語を日常用いている国々の人たちに対して「同じ質問」をするということが，比較の有意味性を保証する必要条件である．これは，単なる言語上の問題ではなく，かなり深い考察が必要である．この「同じ質問」の作成を目指す具体的方法の一つが，バック・トランスレーション（BT，再翻訳）という技法であり，これを次に説明する．

BTとは，例えば，本来は日本語である質問文をある翻訳者（英国生まれの英・日のバイリンガル）に英訳させたものを，別の翻訳者（日本生まれの日・英のバイリンガル）に日本語に再翻訳させ，それをわれわれ研究者がもとの日本語質問文と比較し，些末な点は除いて，同じ意味の表現となっているかを検討する．必要であれば適切な修正を施し，最終確認ができるまで，このプロセスを繰り返すのである．

「有意味性」の観点から述べると，この場合，「異なる言語間の翻訳」が「許容されるべき変換」にあたり，最終的に得られた「同じ意味」とみなせる質問文（項目）が「尺度」となり，比較する意味のある「回答分布」を測定することになる．より現実的には，統計的な標本誤差や非標本誤差を考慮して，一応許容されるとみなされる誤差範囲（分散，あるいはゆらぎ）内で，「同じ意味」を表すと想定される質問文を構成するということである．

基本的アイデアは，上記のように簡明であるが，具体的な手続きはかなり煩雑であり，時間と労力を必要とする．また，理論的に最も大きな問題点は，「同じ質問」が構成されたという確実な最終判断ができるという保証があるわけではないということであろう．文字どおりに，公理的測定論で考えられるような厳格な不変性の観点でBTをとらえようとすると，「同じとは何か」という古来からの哲学上の大問題に直面してしまうのである．

したがって，国際比較における調査票翻訳と比較可能性について十分に研究データが蓄積されていない現段階で，厳格すぎる「同一性」にとらわれた抽象的な統括は必ずしも生産的ではないであろう．より現実的な考え方としては，

次のような立場が少なくとも当面は妥当であろう．

すなわち，BTでは手続き上はあくまでも「同一の意味を表す」質問文の翻訳を目指すが，その過程でほとんど問題なく翻訳が進むこともあれば，語句上は簡単に翻訳できるが一方の社会では意図の不明な質問になってしまう場合，あるいは，質問の意図がかなりずれてしまい，修正も不能な場合などに直面するであろう．しかし，実はまさに，そのような過程のなかで本質的な文化システムの違いが浮き彫りになってなってくることがあり，それが表面上の回答数字の比較以前に得られる重要な情報となることもある．それがBT作業の本質的な部分とみなせよう．この隠れた本質的な意図のもとで，われわれはBTのプロセスを展開しているのである．これについて，以下に説明する．

3.2.2 質問票作成の経緯

まず，BTの具体的手続きを説明しながら，質問項目の翻訳の問題について，調査法の観点から検討しよう．

質問項目は，

① 日本の既存の調査結果があり，これを比較の対象となる社会でも調査して比較するための項目

② 逆に，比較の対象となる社会における調査がすでにあり，それを今回の比較調査に取り上げるための項目

③ 今回の比較研究調査のため作成した新しい質問項目

の3種類で構成されている．

いずれの場合も質問文は比較の対象となる社会（国）の言語の質問文が必要で，それぞれの言語による質問文には調査実施上，測定手段としての同等性が想定されねばならない．これを検討するには，まず，「翻訳したものを再翻訳する過程」を通して言語上の同等性を検討し（「タイプ1の場での検討」と呼ぼう），さらに，翻訳の適否を検討，吟味する調査を行い，その調査結果に基づく現実の調査場面での同等性の検討をする（「タイプ2の場での検討」と呼ぼう）．

われわれのグループによる1978年日米比較調査の際の検討手順についての詳細は，林・鈴木（1986）第II部を，またタイプ1の場での検討の手順の一部については，同書のpp. 18-19を参照していただきたい．

まず，調査票作成の経緯および質問文の翻訳，検討について，概要を示す．

3.2 質問票の作成

(1) 各国の代表的な調査機関による既存の調査に取り上げられている質問文を参考にし，各国民の日常生活の種々の側面を幅広くカバーするように，われわれの調査の質問項目（具体的な質問文，回答選択肢の文）を選択した（林他，1991, pp. 327-337 参照）．欧米の6か国調査の項目の作成において，主として参照した調査は，フランスのCREDOCの1979, 1982, 1984年調査 (Lebart, 1986)，統計数理研究所による「日本人の国民性」1983年調査やハワイ・ホノルル市民1983年調査（統計数理研究所・研究リポート No. 63），米国1978年調査 (Suzuki, 1984) 等である．それ以外で参照したのは，ミシガン大学社会調査研究所 (ISR) 調査 (Campbell, Converse, & Rodgers, 1976; Inglehart, 1977)，シカゴ大学のNORCによる一般社会調査 (GSS) (NORC-ROPER, 1984)，1980年13カ国価値観調査（国際価値会議事務局，1980），ヨーロッパ7か国価値観調査（余暇開発センター，1985），「日本人の国民性」1958年調査，国民性1973年調査，国民性1978年調査，またSOFRESの科学技術に関するフランス1982年調査をもとにした日米共同調査のNSFによる米国1985年調査と科学技術庁による日本1987年3月調査（内閣総理大臣官房広報室，1987），EC委員会によるEurobarometerの1987（または1973）年調査 (Commission of the European Community, 1988)，ZUMAによるドイツ一般社会調査 (ALLBUS) (ZA, 1980, 1982) 等である（「日本人の国民性」調査については，林他，1982や水野他，1992参照）．

(2) それぞれの質問項目について，対応する日本語の訳文，および英語の訳文を作成し，これを比較調査のため，他の各国語に翻訳する元となる質問文とした．多くはすでに1983年ハワイ・ホノルル市民調査および1978年米国調査に利用した質問文であり，その他の質問文は，GSS調査，あるいはEC調査を参考とした．フランスからの質問文はフランス語質問文に英語の訳文をフランス側で作成したものを参考にした．

(3) この比較の元となる質問文を，契約によりわれわれの調査を遂行するイギリス，フランス，ドイツの調査機関が，それぞれ自国調査用の質問文に翻訳した．

(4) これらの質問文をそれぞれ日本語に翻訳し，比較検討した（タイプ1の場での検討）．翻訳は，日本側調査代理店に依頼された各国語の専門家が行った．したがって，必ずしも社会調査の専門家とは限らない．

（5）この検討結果により各調査機関と問題点を協議し，必要な修正を施し，あるいは不確かでさらなる検討を要する点に留意して，プリテスト用の調査票を作成した．プリテストでは，翻訳質問文の理解度等のチェック，例えば，用意された回答選択肢以外の回答の出方，すなわち，質問文の内容がはっきりしているかどうかという明確さの程度，あるいは調査員の回答処理の仕方，調査対象者が回答するまでにどのくらい考えたか等について検討するとともに，いくつかの質問項目では翻訳質問文を2種類作成して，どちらがよりよいかを検討した．また，「質問順序の違いによる効果」を検討するために，順序を変えた2種類の調査票を作成し，どちらの順序がよいのかも合わせて検討した（タイプ2の場での検討）．

（6）プリテスト調査結果を各国調査機関の担当者がもちより，研究者と合同検討会を開いた．質問文，回答選択肢，質問提示方法について1項目ずつ検討を行い，修正案を作成した．

（7）各国の修正案を比較検討するとともに，各調査機関の担当者も相互に調査票修正案を検討し，質問文のなかの不用意な翻訳箇所の修正，および回答選択肢の同等性の検討および質問提示方法（回答を読み上げるか，回答用リストあるいは回答用手持カードを回答者に提示するか等）のチェックを行い，最終案を作成した．

（8）各国の最終案について比較検討を行い，イギリス，フランス，ドイツの3か国における調査を実施した．

（9）これらの3か国で使用した英語，フランス語，ドイツ語の各質問文を日本語に翻訳し，相互に比較検討するとともに，比較調査の元である日本語質問文とそれぞれの翻訳文を比較検討した．

（10）この結果，多くの質問項目では，比較の元である日本語質問文と実際に各国で調査した質問文の日本語への再翻訳質問文はよく合っていて，各国相互の比較においてもよく合っていることが確認された．

（11）しかし，比較の元である日本語質問文と各国で実際に調査した質問文の日本語への再翻訳質問文とが多少異なっており，しかも，各国で実際に調査した質問文の間ではあまり差はなく，よく似ているという場合がみられた．

（12）また，いくつかの質問項目では，各国の質問文の日本語への再翻訳文に多少の違いがみられた．

3.2 質問票の作成

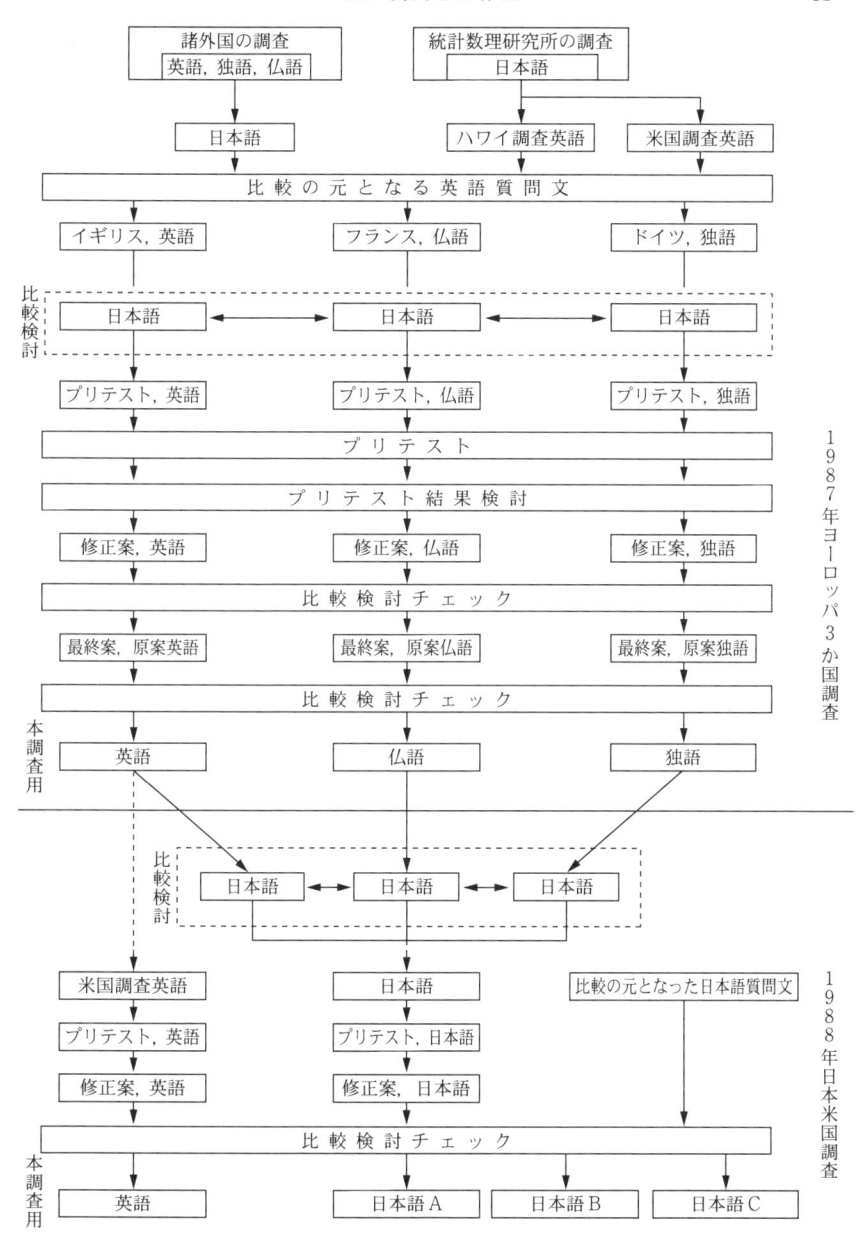

図 3.1 特別推進研究「意識の国際比較方法論の研究」における質問文の検討,調査票作成の経緯

(13) したがって, (11), (12)のような質問項目については, 日本調査において, 日本語調査票を A, B の 2 種類作成し, BT 過程における質問文(回答選択肢の翻訳も含む)のゆらぎの影響を検討することにした. 日本語調査票 B は本来の日本語らしい表現の質問であり, 調査票 A は国際比較調査にあわせた直訳や翻訳調に近い文体の質問も含まれている. なお, 後の追加分析のために調査票 C も作成したが, これについての説明は省略する.

以上のような手続きにより, 5 か国比較調査を行った. 質問文の検討, 調査票作成の経緯について, その手順をフローチャートの形に整理してみると図 3.1 のようになる.

ここで取り上げなかった米国調査については, 比較の元になる調査票として, 1978 年米国調査の調査票および 1983 年ハワイ・ホノルル調査の調査票があるので, これを基礎とし, 今回の 5 か国比較調査で新しく付け加えられた質問項目の質問文は, イギリスで利用した質問文を参考とした. 米国の調査機関の担当者と協議し, プリテスト調査票を作成し, プリテストの結果を経て米国調査用の調査票を確定した. この際, 1978 年米国調査と今回の調査と共通する質問項目について, その質問順序が異なるところがいくつか存在し問題となったが, プリテストの結果, 通常の調査の標本誤差の大きさ(推定値は数%)と比較しても, 今回の国際比較調査の質問順でも, さしつかえないことが確認され, 最終調査票は 5 か国共通の順序とした.

3.3 質問文翻訳の検討

3.3.1 質問文翻訳検討の手順

質問文翻訳の検討の手順を図式的に示すと, 図 3.2 のようになる. すなわち, 原日本語質問文の英語翻訳の場合には, 英語に翻訳した質問文が, 英語圏での実際の調査の場面で自然な質問調査が可能になるように考慮して作成されており, 調査実施に当たっては, 実際の調査経験の豊かな専門家による検討を加えて調査票が完成された. これは, 国際比較可能性の必要条件として,「各国における調査の実際の場面での意味のある調査実施」を確認する作業である.

次に, この実際に利用した英語調査票にある質問文が, もとの日本語調査票の原質問文と同等と考えてよいかが問題となる. この問題を検討する一つの方

3.3 質問文翻訳の検討

```
原日本語質問文 → 翻　訳 → 翻訳英語質問文
              (質問の意味,ねらい
              等を十分考えて)    ⇓ ←(調査専門家による検討)

              調査に利用した → 翻　訳 → 再翻訳された
              英語質問文      (原質問文について   日本語質問文
                            全く知らない翻訳者)

              つき合わせて検討
```

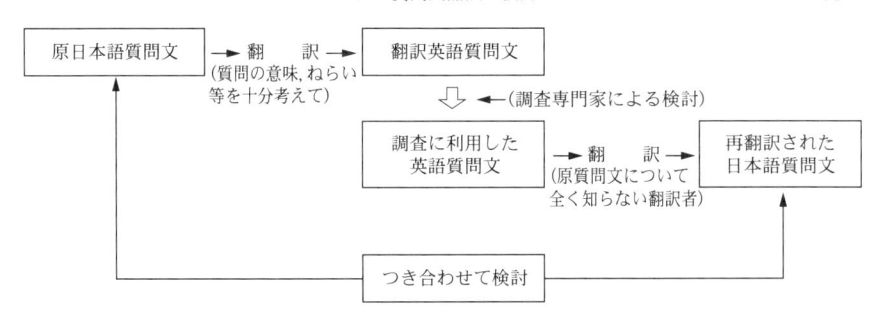

図 3.2　質問文翻訳検討の手順

法がここで述べている質問文のバック・トランスレーション (BT) による検討になるわけである．再翻訳の場合は調査に利用した英語質問文を，原日本語質問文を全く知らない翻訳の専門家に，できるだけ英文に忠実に翻訳してもらい，このようにして日本語に再翻訳された質問文を原質問文とつき合わせて検討することにした．このとき，

① 質問の意味は損なわれていないか，
② 質問の意図が損なわれていないか，
③ 日本文として両者のくい違いはどうか，
④ 言外の意味，ニュアンス等のくい違いはどうか，

等について検討した．

ここで，翻訳に関する一般的な問題点や注意をまとめておこう．

国際比較研究を行うとき，日本が「元になる調査票」の原案を作成し，これを，比較の対象となる各社会（国）で利用する調査票に翻訳して調査を実施するという場合，あるいは諸外国で実施された調査と比較するために，それらの調査票の質問文を日本語に翻訳して比較調査に利用する場合，特に，次のような点は常に問題となる．

① 賛成あるいは反対などの回答をさらに細かく分けて「程度」を聞く場合
例：'賛成'，'反対' の回答を '非常に賛成'，'やや賛成'，…，'やや反対'，'非常に反対' 等とするときの翻訳は，多くの場合は外国語の調査票から日本語に翻訳して比較調査をするとき問題となる．

② 何かと比較するときの質問文等
例：問「あなたは健康な方ですか？」等．これは「あなたは，同じ年代

の人とくらべて健康な方ですか？」あるいは「あなたは，世間一般の人（ほかの人）とくらべて健康な方ですか？」等の形で英語等に翻訳されるが，比較調査のとき問題が生じる可能性がある．
③ 日本的な色彩の濃い表現のとき
例：「恩返し」「恩人」「親孝行」等を外国語等に翻訳するとき，その質問文に沿った形で説明を加え，理解しやすくする形にするが，比較調査のとき注意が必要になる．
④ 外国の質問文を翻訳して比較調査するとき，直訳調の質問文ではなく，（質問文を日本語らしくして調査の実施を容易にする意図で）多少意訳あるいは翻案して利用する場合も，比較調査のときは，注意する必要がある．

しかし，これらの問題点が，実際に比較調査のときの障害になるのかどうかについての研究は，これまではほとんどなかった．今回の比較調査では，前節の質問文作成の経緯でも触れたように，日本調査を実施するまでに2回のBTの検討を行っている．そこで出てきた問題点を集約・整理し，いくつかの質問項目については，「比較の元になった質問文および回答選択肢」と「再翻訳された質問文および回答選択肢」とを対比して，比較検討できる形の調査計画を立てることにした．

ここで考慮した検討事項は，上に述べた問題点に対応して，① 程度を表す副詞の有無，② 何かと比較するときの比較の対象を質問文に入れるかどうか，③ 日本的な色彩をもつ質問文の文章をふつうの説明文でおきかえる，④ 意訳，翻案の程度の強い質問文を直訳調にもどしてみる等のほか，例えば「子どもに金は大切と教えるか」という質問項目の「金は最も大切と教える」という文と，「金は最も大切なものの一つだと教える」（翻訳調）という形の文とを比較検討することにした（林・鈴木 (1986) の1978年米国調査では the most important としたが，今回は one of the most とした）．このほか，日本語から英語（フランス語，ドイツ語），さらに日本語への再翻訳の過程で変わってしまった質問文も検討することにした．

このようにして，1988年の日本調査ではA，Bの2種類の調査票を作成して「翻訳のゆらぎ」ともいうべきものを比較検討できる形の調査とした．このうち，調査票Aは比較対象の4か国の調査票の質問文の翻訳に近い形の質問文を利用し，調査票Bは元の形の質問文を利用した．翻訳の問題を比較検討

3.3 質問文翻訳の検討

表 3.1 日本調査票 A, B で異なる質問

検 討 事 項	質 問 項 目
程　度	問1, 問2, 問3, (問16)
比較の場合	問11
日本的文脈の説明	問12, 問35, 問45, 問47, 問49, (問64)
意訳・翻案	問20, 問23, 問30, 問39, 問46, 問51, 問52, 問53, 問71
その他 ① { 最も大切 / 最も大切なものの一つ	問33
② { 調査実施上生じたもの / 翻訳検討とは関係ない項目	(問16), 問17, 問34, 問44, (問64) 問22, 問73

質問文の詳細は巻末の資料を参照.

する質問項目は 24 項目になり，このほか，翻訳の検討以外の質問文の文章あるいは回答選択肢の文章の検討のため 2 項目を加えた．したがって，1988 年日本調査の 2 種類の調査票 A, B で質問文の異なる質問項目は 26 項目になる．これらの質問項目は一つ一つあげないが（巻末の資料参照），質問文あるいは回答の異なるところを示した一覧表を示しておく（表 3.1, 3.2）.

調査票 A, B の質問項目（質問文および回答選択肢）を比較検討すると，調査結果が同じようになる項目もあり，異なるところもあり，その程度も場合によっては差が 10~15% に及ぶものもありさまざまで，「翻訳のゆらぎ」の問題は，抽象的・観念的な一般化し過ぎた議論は避けるべきであることが強く認識された．ここでは，質問項目と検討事項との関連を例示しておく.

> 注：なお，語句の翻訳そのものの問題ではないが，回答カテゴリーに関して，例えば日本では「1. 賛成，2. どちらともいえない，3. 反対」となるのが，米英独では「1. 賛成，2. 反対，3. どちらともいえない」の順が自然であるなどの違いがある．フランスではプリテストで高い比率の順にすることもある．このように語句の表現のみならず，回答カテゴリーの表示の順にも注意が必要である.

以上のような調査における質問項目の翻訳に関連する問題は，日本の場合だけではなく，諸外国にもあるものと予想される．また，社会が異なれば，同じと想定される言葉でも意味が異なって伝えられる可能性もある.

今回の調査票を比較対象の各国における研究協力者と検討した際，「翻訳のゆらぎ」の問題について討議したが，関連する実際の調査データは少なく，今後の研究に待つところが大きいと思われる.

表 3.2 日本調査票 A, B で質問文が異なる質問

	番号		A	B
問1	7.30 B	日本人の生活水準	1 非常によくなった 2 非常にわるくなった	1 よくなった 2 わるくなった
問2	7.30 A	生活水準10年の変化	1 非常によくなった 2 非常にわるくなった	1 よくなった 2 わるくなった
問3	7.31	今後の生活水準	1 非常によくなるだろう 2 非常にわるくなるだろう	1 よくなるだろう 2 わるくなるだろう
問11	4.11	先祖を尊ぶか	普通より先祖を尊ぶ方	先祖を尊ぶ方
問12	4.10	他人の子供を養子にするか	養子にとって	養子にもらって
問16	1.8	社会的階層	もとのまま 1 上 2 中の上 3 中の中 4 中の下 5 下	上　　　　　下 1　2　3　4　5
問17	7.81	収入か余暇か	1 収入が増えること 2 余暇が増えること	1 欲しいものがもっと買える 2 自由な時間がもっと長く
問20	7.24	就職の第1の条件	1 お金のことを気にしないで	1 かなりよい給料がもらえる
問22	2.4	くらし方	もとのまま 1 一生懸命働き 2 まじめに 3 金や名誉	条件文をカット 1 金持ちに 2 名を上げる 3 自分の 4 のんきに
問23	2.3 F	生活環境満足か	環境や住みやすさ 1 満足	生活環境 1 満足
問30	7.19	才能か運か	いまの社会で成功している人をみて	人の成功には
問33	4.5	子供に金は大切と教える	最も大切なものの1つだ	とても大切なものだ
問34	8.1 B	政治家にまかせるか	その人達にまかせる 3 いちがいに	その人にまかせる 3 いちがいに
問35	2.1	しきたりに従うか	世間の慣習	世のしきたり
問39	4.31	家事や子供の世話	3 男性, 女性の区別なくやるべきだ	3 男性と女性で公平に分担すべきだ
問44	7.4	国と個人の幸福	国	日本
問45	5.1 D	大切な道徳	a 親に対する愛情と尊敬 b 助けてくれた	a 親孝行 b 恩返し
問46	5.6 H	他人との仲か仕事か	1 仕事はあまりできない	1 仕事の上ではパッとしない
問47	2.2 B	スジがまるくか	一定の原則に従う, 他人との調和	スジを通す, まるくおさめる
問49	5.1 C 2	入社試験（恩人の子）	昔世話になった人の子供	恩人の子供
問51	2.12	他人のためか自分のためか	自分のことだけ考えている	自分のことだけに気をくばっている
問52	2.12 B	スキがあれば利用されるか	機会があれば	スキがあれば
問53	2.12 C	人は信頼できるか	常に用心した方がよい	用心するにこしたことはない
問64	3.3	宗教は1つか	独自の教えを説いている	立場が違う
問71	3.8	社会は変えるべきか	1 根本的に 2 徐々に 3 あらゆる破壊的勢力から守り通す	1 一挙に 2 悪いところは少しずつよくしていく 3 守り通す
問73	8.1	支持政党	しいていえば何党を支持しますか	しいていえばお考えに近い政党は

各国の研究協力者のコメントのなかには,「日本における A, B の比較検討事項と関連する点の一つは,ドイツ語では例えば回答が'よい'の場合,ただ'よい'というだけでは不十分という意識があるので,調査の回答では'非常によい'ということが多く,また回答記入欄'その他'を用意するのが普通である」という指摘があった.さらに,問 35 の文中の「しきたり (gebrauchen)」が 1987 年ドイツ調査の質問文では「普通の慣習」というよりも「掟」に近い印象があり,この影響でドイツ調査の回答結果は'押し通す'の比率が高くはならないだろうという指摘があった.なお,最終的に完成した日本語の調査票や回答分布は統計数理研究所・研究リポート No.76,または『国民性七か国比較』(林・吉野・鈴木他,1998) に掲載されている.

3.3.2 「翻訳のゆらぎ」の効果の検討（調査票 A, B）

われわれとしては,元が日本語であるものは英訳し,これを元にドイツ語やフランス語に訳した.英訳といっても,主として米語によるもの(なかには英語によるものもある)であったが,英国調査用の英語の質問文と米国調査用の英語の質問文とは必ずしも一致しない.元が英語,フランス語,ドイツ語のものもあるが,それらは原語をオリジナルとして他の国語に翻訳した.これら各国の調査票を語学の専門家が再び日本語に再翻訳して検討したのであるが,これに関連して誤訳・迷訳が見出された.これは,それ自身おもしろい問題であるが,本章の主題を外れるので,説明は省略する.このような過程を経て,「ほぼ,同じことを質問している程度」の一致性を得たのである.しかし,これはあくまでも字面のこと(タイプ 1 の場での検討)であることはいうまでもない.

さて,再翻訳した結果,一見同じか,異なるのかわからないものもあった.そこで A 調査として再翻訳したものを用い,B 調査として本来の日本語オリジナルの質問文,あるいはオリジナルが外国語であっても意訳してこれまで用いてきた日本語らしい表現の質問文からなる調査票を用いて,A, B 調査の比較を行ってみた.再翻訳の結果,明らかに同じ内容のものは,生硬な翻訳でなく本来の日本文の質問を用いた.この結果,A 調査は本来の日本文と一部は再翻訳文の質問,B 調査はすべて本来の日本語の質問文からなっている.A, B 両調査は全国調査,同一地点,サンプルの 3 人に 1 人の割に B 調査を行うという方式を採った.標本の質は全く同じと考えてよい (2 章参照).

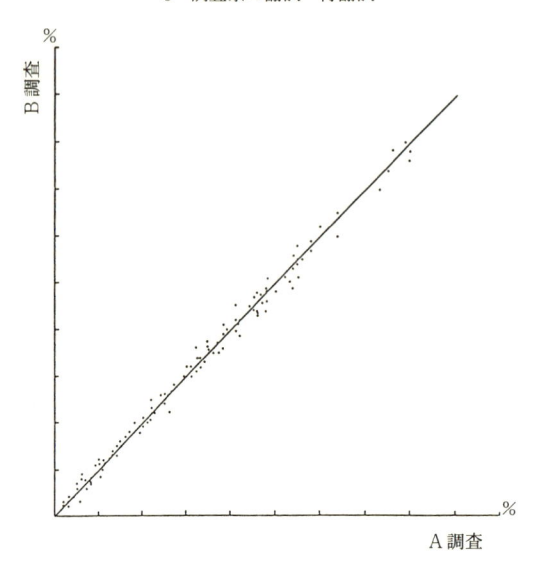

図 3.3 A，B 調査で質問文の同一なものの回答
同質と想定される 2 つのサンプルに，全く同じ質問文を適用した場合の回答差は，基本的に標本誤差を示すものであり，概してばらつきは小さく，すなわち回答の一致の程度は図 3.4 に比べて高い．

　まず，A，B 調査での同一の質問に対する回答選択率を比較してみよう．図 3.3 の各軸は A，B 調査での各質問の各回答カテゴリーごとの選択率を示している．データはほとんど 45°の直線上に乗り，大きな差異はないことがわかる．A，B 調査で質問文が異なる場合を図 3.4 に示すと，図 3.3 の場合よりも，相対的にばらつきが多い．全く異なるわけではないが，ばらつきがあり，何となく異なるという形となっている．もちろん，ほとんど同じ選択率の回答カテゴリーも多くみられる．

　特に大きく異なるものをあげてみると，次のようになる．
① 問 1 の回答肢 1，問 2 の回答肢 2：段階をとる質問で'非常に'を使うか，使わないか
② 問 17 の回答肢 1，2：収入か余暇か
③ 問 22 の回答肢 1，3：くらし方
④ 問 33 の回答肢 1：金は大切と教えるか
⑤ 問 45 の回答肢 b，c：大切な道徳

3.3 質問文翻訳の検討

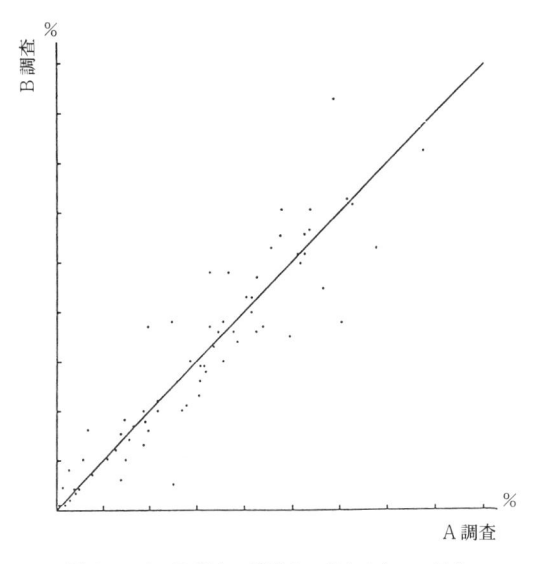

図 3.4 A, B 調査で質問文の異なるものの回答
日本 A, B 調査では,ほとんど同じ質問文を用いているが,国際比較用の翻訳調の表現を用いる A 調査と,本来の日本語らしい表現を用いる B 調査では,質問の主旨が同じだが表現がわずかに異なる質問があり,それらに対する回答は,図 3.3 の場合に比べて,回答肢の選択率にばらつき(差異)が出るのが確認された.

⑥ 問 47 の回答肢 1, 2:スジかまるくか
⑦ 問 71 の回答肢 2, 3:社会の仕組み

これらのすべてが日本的質問というわけではないことに注目したい.日本的質問は問 45 a, b(特に問 45 b)であるが,この違いが問 45 c に影響を与えている.問 45 b は,A 調査では「助けてくれた人に感謝し,必要があれば援助する」を支持した人は 57%,B 調査では「恩返しをすること」は 47% と差が出る.問 45 c は,A と B の両調査とも「個人の権利を尊敬すること」で全く同文であるが上記の差により選択率が変わっている.

また,問 45 a では A 調査の「親孝行,親を対する愛情と尊敬」は 78%,B 調査の「親孝行をすること」は,71% となっている.

上記のように内容の大きく異なる質問文は A 調査,B 調査について,表 3.1 にあげてある.回答の増減の傾向は,日本文の含みによって容易に説明されよう.

なお，一見質問文は異なるように見えて，それほど回答の異ならないものもみられるのでその一部もあげておこう．

問20の第1選択肢は，A調査では「お金のことを気にもしないですむ程よい給料」，B調査では「かなりよい給料のもらえること」（ほかの選択肢は同文）としてもさして変わりはない．問30の質問文，A調査の「いまの社会で成功している人をみて，その人の成功には」とB調査の「人の成功には」も差はない．問51のA調査「……自分のことだけ考えている……」と，B調査「自分のことだけに気をくばっている……」，問52のA調査「他人は機会があれば……」とB調査「他人はスキがあれば」，問53のA調査「……それとも常に用心した方がよい……」とB調査の「用心することにこしたことはない……」というのも，差は著しく大きくはない．

こういうわけであるが，前述したように，質問文を変えると，回答の選択率がより多くばらつく．意訳の問題を考えるとき，また日本的含みのある表現で

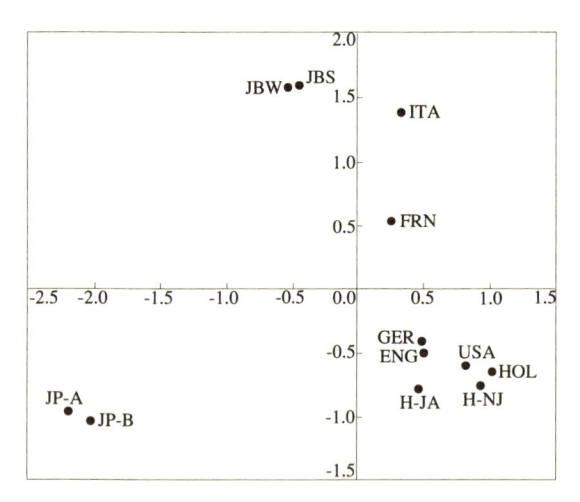

図 3.5　多国間のパターン分析

各国の相互パターンを分析するために，全共通質問項目に数量化III類を適用すると，全体のなかでの各国の位置づけが明確なパターンとなって浮き上がってくる．このなかでは，日本Aと日本Bの翻訳表現の差の影響はほとんど無視できるのがわかる．
JP-A：日本A，JP-B：日本B，GER：ドイツ，FRN：フランス，ENG：イギリス，USA：アメリカ，ITA：イタリア，HOL：オランダ，H-JA：ハワイ日系人，H-NJ：ハワイ非日系人，JBS：ブラジル日系人，JBW：ブラジル日系人（ウェイトつき）．

は，このばらつく程度の差（大きくて 10〜15％ 程度）を念頭に入れる必要があろう．しかし，だからといって，国際比較では，翻訳の問題だけでも誤差が大きく，結局，比較の信頼性が低いと結論するのは早急である．適切な尺度構成や多変量解析などを援用すれば，信頼性のある分析が可能なのである．つまり，単一項目の回答分布の比較においては，10〜15％ の差が 2 国間でみられても直ちには，それが本質的な差であるか単に翻訳表現の差の影響なのかは判断しがたい．しかし，例えば図 3.5 のように全質問項目の分布を多国間でパターン分析すると，各国の相互関係が明確に浮き彫りになり，日本 A と日本 B の表現の差は，これらの回答パターンのなかではほとんど無視できる程度のものとなってしまうのである（図中，ブラジル日系人調査については，地域によるサンプリング率の差を考慮してウェイト補正をかけたデータと，元のデータが比較できるが，この差も小さいことが確認できる）．これについては，4 章を参照していただきたい．

3.4 オランダ調査におけるバック・トランスレーション

この節では，試験研究 A (1) による 1993 年のオランダ調査におけるバック・トランスレーションを利用した調査票の作成の具体的手続きを，例示してみよう．

3.4.1 役割分担

オランダ調査票翻訳における作業は，統計数理研究所（統数研）のわれわれのグループ以外では，オランダの NIPO 社が調査票の検討と翻訳（オランダ語訳）に加わり，日本の代理店（R 社）がわれわれとオランダ NIPO 社との連絡および調査票翻訳（BT）に携わった．また，われわれの側では，日本語にも堪能なオランダ人留学生 E. R. K. 氏が，NIPO 社とは独立に調査票翻訳（オランダ語訳）に当たり，比較のための参考を与え，また，随時，オランダについての情報を提供する任に当たった．

3.4.2 調査票の翻訳・BT から完成までの手順

オランダ調査に当たっては，5 か国調査で使用した英語調査票を元に，オランダ語調査票を作成した．ただし，質問文に疑義がある場合は，適宜，他の欧米調査票を参考にした．

基本的な作成手順を以下に示す．

① 英語調査票をオランダ語に翻訳し，オランダ語訳を作成する．
② オランダ語訳を日本語にバック・トランスレーション（BT）し，BT日本語訳を作成する．
③ BT日本語訳と日本語調査票を，各質問項目ごとに比較対照する．
④ 比較対照の結果，些末な点は除いて，同じであると判断できれば完成．
疑義のある質問項目があれば，オランダ語翻訳者とBT担当者に確認させる．必要であればオランダ語訳の該当箇所を修正し，②にもどる．
作業日程を含む作成手順は，次のとおりである．
　実施者（報告日）：実施内容
① E.R.K.（1993.7.5）：英語調査票をオランダ語に翻訳，オランダ語（比較対照用）作成．
② NIPO（1993.8.13）：英語調査票をオランダ語に翻訳，オランダ語第1版作成．→コメント1
③ R社（1993.8.14）：オランダ語第1版をバックトランスレーション，BT日本語第1版作成．
④ E.R.K.（1993.8下旬）：オランダ語第1版とオランダ語（比較対照用）を比較対照．→コメント2
⑤ 統計数理研究所（以下統数研，1993.9上旬）：日本語調査票とBT日本語版1を比較対照．→コメント3
⑥ NIPO（1993.9.13）：コメント1〜3の検討結果を反映させ，オランダ語第2版作成．
⑦ R社（1993.9.14）：オランダ語第2版をバック・トランスレーション，BT日本語第2版作成．
⑧ 統数研（1993.9中旬）：日本語調査票とBT日本語第2版を比較対照．→コメント4
⑨ NIPO（1993.9中旬）：コメント4の検討結果を反映させ，オランダ語第3版（予備調査票）作成．
⑩ NIPO・統数研（1993.9.21〜10.1）：統数研がオランダ出張し，予備調査前の検討，予備調査実施および最終検討．→コメント5
⑪ NIPO（1993.10上旬）：コメント5の検討結果を反映させ，オランダ語調査票完成．

シリーズ〈データの科学〉

林 知己夫 編集　A5判

1. データの科学
林 知己夫著　144頁　本体2600円
ISBN4-254-12724-3　注文数　冊

〔内容〕科学方法論としてのデータの科学／データをとること―計画と実施／データを分析すること―一質の検討・簡単な統計量分析からデータの構造発見へ

4. 複雑現象をはかる ―紙リサイクル社会の調査―
羽生和紀・岸野洋久著　180頁〔近刊〕
ISBN4-254-12727-8　注文数　冊

〔内容〕紙リサイクル社会／背景／文献調査／世界のリサイクル／業界紙に見る／関係者／資源回収と消費／消費者と製紙産業／静脈を担う主体／他

5. 心を測る ―個と集団の意識の科学―
吉野諒三著　170頁〔近刊〕
ISBN4-254-12728-6　注文数　冊

〔内容〕国際比較調査／標本抽出／調査の実施／調査票の翻訳・再翻訳／分析の実際（方法，社会調査の危機，「計量的文明論」他）／調査票の洗練／他

医学統計学シリーズ

データ統計解析の実務家向けの「信頼でき，真に役に立つ」シリーズ　A5判

1. 統計学のセンス ―デザインする視点・データを見る目―
丹後俊郎著　152頁　本体2900円
ISBN4-254-12751-0　注文数　冊

〔内容〕統計学的推測の意味／研究デザイン／統計解析以前のデータを見る目／平均値の比較／頻度の比較／イベント発生までの時間の比較

2. 統計モデル入門
丹後俊郎著　256頁　本体3800円
ISBN4-254-12752-9　注文数　冊

〔内容〕トピックスI～IV／Bootstrap／モデルの比較／測定誤差のある線形モデル／一般化線形モデル／ノンパラメトリック回帰モデル／ベイズ推測／Marcov Chain Monte Carlo法／他

3. Cox比例ハザードモデル
中村 剛著　144頁　本体2800円
ISBN4-254-12753-7　注文数　冊

〔内容〕生存時間データ解析とは／KM曲線とログランク検定／Cox比例ハザードモデルの目的／比例ハザード性の検証と拡張／モデル不適合の影響と対策／部分尤度と全尤度

＊本体価格は消費税別です（2001年5月25日現在）

統計学の基本

林 知己夫編
A5判　232頁　本体3400円

データをどう取り，どう解析するかという統計学の基本について，高校の数学程度で充分理解できるよう書かれている。統計的考え方，統計的方法を中心とする統計学の基本理解に力点を置き，形だけの方法でなく，方法の意味がわかるよう解説

ISBN4-254-12079-6　注文数　冊

▶お申込みはお近くの書店へ◀

朝倉書店

162-8707 東京都新宿区新小川町6-29
営業部　直通(03) 3260-7631 FAX (03) 3260-0180
http://www.asakura.co.jp　eigyo@asakura.co.jp

統計解析ハンドブック

武藤眞介著
A5判 648頁 本体22000円

ひける・読める・わかる——。統計学の基本的事項302項目を具体的な数値例を用い，かつ可能なかぎり予備知識を必要としないで理解できるようやさしく解説。全項目が見開き2ページ読み切りのかたちで必要に応じてどこからでも読めるようにまとめられているのも特徴。実用的な統計の事典。〔内容〕記述統計(35項)／確率(37項)／統計理論(10項)／検定・推定の実際(112項)／ノンパラメトリック検定(39項)／多変量解析(47項)／数学的予備知識・統計数値表(28項)。

ISBN4-254-12061-3　　注文数　　冊

医学統計学ハンドブック

宮原英夫・丹後俊郎編
A5判 720頁 本体25000円

自分の研究テーマ遂行のための研究デザインがよくわからない；手もとにあるデータを解析したいのだがその方法と限界を知りたい；英語の論文に出てくる統計用語がわからない；統計解析の結果を英語でどう表現するのか；医学・生物統計学を基礎から勉強したい——このような人達のために役立つハンドブック。〔内容〕統計学的アプローチの方法／分野別の実験・調査デザインと統計解析(動物実験／臨床試験／臨床検査／医療情報学他)／医学統計学の数理／ソフトウェアと英語表現

ISBN4-254-12099-0　　注文数　　冊

STATISTICAによるデータ解析
〔体験版CD-ROM付〕

武藤眞介著
A5判 212頁 本体4200円

グラフに強く，初心者にも使いやすい統計ソフトを使って統計のポイントを解説。内容豊富な体験版CD-ROM付。〔内容〕データ入力／度数分布とヒストグラム／グラフ／散布図／標本分布／正規分布／検定／分散分析／回帰分析／因子分析／他

ISBN4-254-12143-1　　注文数　　冊

Excelによる統計入門
（第2版）

縄田和満著
A5判 208頁 本体2800円

Excelを使って統計の基礎を解説。例題を追いながら実際の操作と解析法が身につく。Excel 2000対応〔内容〕Excel入門／表計算／グラフ／データの入力・並べかえ／度数分布／代表値／マクロとユーザ定義関数／確率分布と乱数／回帰分析／他

ISBN4-254-12142-3　　注文数　　冊

フリガナ		TEL	
お名前		(　　) －	
ご住所（〒　　　）			自宅・勤務先（○で囲む）

帖合・書店印	ご指定の書店名
	ご住所（〒　　　）
	TEL （　　） －

3.4 オランダ調査におけるバック・トランスレーション

上記のコメント1〜5およびそれらの検討結果の一部を，具体例として，3.4.4節と付録Bに示す．

3.4.3 調査票翻訳にあたっての留意点

調査票作成に当たっては，NIPOと，オランダからの日本留学生（E. R. K. 氏）の協力を得てオランダ語翻訳を行った．基本的には原文（ここでは英文質問票）に忠実に翻訳を行うこととし，該当翻訳語のニュアンスの違い等の問題が生じた場合に検討，必要であれば修正を行った．

検討および修正を行ったケースを概観してみると，当初から予想されていた文化・慣習の違いによる該当翻訳語のニュアンスの違い，翻訳時の単純な誤訳，専門用語の誤解に加え，翻訳者の本来の専門が，意識調査ではなく市場調査であったことから生じたものもあった．

意識調査では，あえて答えにくい設定をして，回答者に究極の選択を迫ることもある．一方，市場調査で，回答者が答えやすいように質問や回答カテゴリーを表現する．今回の調査票作成に当たっても，市場調査にたけたNIPOでは回答者が答えやすい表現を使用する傾向があり，知見がかえって負の結果をもたらした事例（本章末の付録B，問30参照）もみられた．これに関する間違いで，結果として，一部のデータが比較の意味をなさなくなり，大きなコストがむだになったばかりでなく，それに関する情報が取り返しのつかないことになってしまった．

この経験を踏まえて考えると，代理の調査機関に調査票作成を含む意識調査を委託する場合，以下のことを事前に申し入れ，確認する必要があると思われる．

① 本調査は意識調査であり，過去に得た何か国かのデータとの国際比較を目的とする．したがって，回答しにくい設問もあるが，回答カテゴリーや設問がそのままの形であることが意味があるので，特別な了承を得ない限りは，変更はすべきではない．

② 変更した方がよいのではないかという指摘・提案は，それ自体は，調査の背景となる各国の事情を知るうえで重要な手がかりとなることも多く，歓迎するが，設問内容・回答カテゴリー等をわずかであっても変更する場合は，必ず調査主体の了解を得ること．したがって，みだりに回答しやすい質問文や回答カテゴリー，回答番号に変更することを禁じる．

3.4.4 具体例

この節では，オランダ調査票作成のための BT 作業時に実際に直面した問題と，その処置の仕方のいくつかを簡単に列記しておく．さらに付録 B では，本来の日本語質問と BT の日本語訳とで食い違いが生じた問題のいくつかの例について，NIPO のオランダ語訳，R 社による BT，最後に，それについてのわれわれの対処の仕方を具体的に示しておくので，参考にしていただきたい．

① 「面接調査員への指示書」の部分で，オランダ語翻訳者が調査の専門用語（バースデイ法）を理解していなかったために生じた誤訳があり，訂正した．

② 回答の選択肢を示す「回答コード」が，オランダ語翻訳者の通常用いているコードに無断で変更されていた場合もあり，当方の本来の指示通りに訂正させた．

③ BT における表記の誤り，単語の表現の問題が少なからずみられた．それらには，単なるワープロのタイプミスも多かったが，翻訳における本質的な問題もあった．例えば，大切なものの程度を評価させる問題で，「宗教」を「信仰と教会」と訳してあったので，確認させたところ，実質的にオランダでは，これらを同じと考えてよいし，現地での表現としては「信仰と教会」の方が自然であるとの回答を得たので，この場合は適切な訳と判断した（ただし，分析上で疑義がないわけではない）．

④ 「近い将来に実現される可能性」について問う項目では，オランダ語翻訳者から，現在の社会情勢を考慮して新問「エイズの治療法」を加えることが現在の世界情勢を考えて適切で自然であろうとの提案があった．検討の結果，そのように処置した．

⑤ 単純には同じと思われていた概念が，文化によって，本当は差異があるとわかってきた例もあった．例えば，オランダ語の権威「gezag」には，警察や法律のイメージが強く，政府や国会のイメージは弱いらしい．この「権威」に関しては，他の欧米の国々でも，微妙なニュアンスの違いがあるらしく，注意を要する言葉，あるいは概念であろう（オランダでのみ用いた項目である）．

⑥ 回答者が答えやすいようにと，オランダ語翻訳者が，本来はなかった中間回答カテゴリーを無断で挿入してしまい，結局，この質問の回答データについて他国との比較の意味が失われてしまった例もあった（これは，費用の点で

も大きな損失となってしまった，付録 B 問 30).

⑦「心の豊かさ」などを尋ねる項目について，高等教育を受けていない人々への質問としての妥当性についてオランダ語翻訳者から疑義が出されたが，予備調査の結果，問題なさそうだと判断された例もあった（付録 B 問 36).

⑧ BT のニュアンスが元の日本語質問文とは少し離れているように思えたが，同じと考えてよいことを再確認した例も少なくはなかった（付録 B 問 46).

本章で述べた事柄は，すでに完成した方法の利用ではなく，多くの試行錯誤を繰り広げ，CLA という新しい方法論の確立を目指して進めている仕事の一部の紹介にすぎない．特に，バック・トランスレーションに関しては，一応は形式上,「異なる言語で表現された同一意味の質問文」を作成するという手続きをとるが，実は，厳密にどの程度「同一」とみなされるかの大問題に対する完全な解を与えるというわけではなく，むしろ，その手続きの過程のなかで各国に関するかなり本質的で重要な情報が得られていくというのが，これまでの研究を進めていくなかでの実感である．逆にいうと，一応 BT の手続きによって同一性が確認されているようにみえる場合でも，単純な表面的な回答数字のみによる比較では，誤謬を招く危険があることに注意しなければならない．

調査の種類や規模を考慮すると，BT に関する詳細な報告はあまり公表されていないのが，現状であろう．この意味で，これから，国際比較のための調査理論の展開，実践的応用に興味をもたれる方々へ情報を提供すべく，多少，冗長と思える部分も含めて，ここに記した次第である．将来，この方法論が確立し，国際比較調査の具体的手続きが整備される際の有益な情報となれば，幸いである．

注：本章は,「行動計量学」第 22 巻第 1 号 1995 年，pp. 62-79，に発表した論文を修正加筆したものである．

付録 B　バック・トランスレーション検討の事例

この付録には，オランダ調査票作成のための BT 作業時に実際に直面した問題と，その処置の具体例を示す．以下，本来の日本語質問と BT の日本語訳とでくい違いが生じた問題の数例について，順に，(1) 本来の日本語質問，

(2) 米語質問, (3) NIPO のオランダ語訳, (4) R 社による BT, (5) それについての統数研の対処の仕方を簡単に説明し, そして最後に, (6) オランダ語質問の最終版を示す (なお, カード番号は国によって問番号に合わせたり, カードのみの通し番号を用いることもある).

[問 28(1)]

問 28 〔カード 17〕 あなたは自分の家庭に満足していますか, それとも不満がありますか.

1	2	3	4	5	6	7
満足	やや満足	どちらともいえない	やや不満	不満	その他（記入　　）	わからない

[問 28(2)]

Q. 28
(HAND CARD 28)   All things considered, how satisfied are you with your family life――the time you spend and the things you do with members of your family? Just call off the letter which comes closest to your feelings.
A. 28
　A 1　Completely satisfied　　　　　B 2　Somewhat satisfied
　C 3　Neither completely satisfied nor completely dissatisfied (neutral)
　D 4　Somewhat dissatisfied　　　　E 5　Completely dissatisfied
　　6　Other (PLEASE SPECIFY)　　　 0　Don't know

[問 28(3)]

vraag 28   TOONBLAD 11
Hoe tevreden bent u met uw gezinsleven (alles bij elkaar genomen), dus met de tijd die u doorbrengt en de dingen die u doet met uw gezin?
1   Zeer tevreden
2   Tamelijk tevreden
3   Tevreden noch ontevreden
4   Tamelijk ontevreden
5   Zeer ontevreden

6　Weet niet/Geen mening

［問 28(4)］

質問 28　カードの頁 11
今の家庭生活（すべてを含めて）にどれほど満足していますか．すなわち，家族と共にいる時間，一緒に何かすることについて．
1．非常に満足
2．かなり満足
3．一応満足はしているが，少し不満足でもある．
4．かなり不満足
5．非常に不満足
6．分からない/意見なし

［問 28(5)］
（問題箇所）コメント 1
一人住いの人の場合，「家庭」とはどのように定義すればよいのかとの指摘がNIPO からあった（「gezinsleven」結婚して子どもがいる家庭．配偶者と子どもを意味する．「familieleven」父母とその両親，兄弟を意味する）．
（検討・処置）
人によっては，離れ住んでいる両親や子どもを含めることが推察される．しかし，過去に 6 か国について本設問に対する回答を得ていることから，国際比較調査の意義を優先し，このまま本設問を使用するよう指示した．

［問 28(6)］

28．Enq：Toonblad 5, VAK B
　Hoe tevreden bent u met uw gezinsleven (alles bij elkaar genomen), dus met de tijd die u doorbrengt en de dingen die u doet met uw gezin ?
　(Enq：Ook vragen indien respondent alleenstaande is.)
1　Zeer tevreden　　　　　　2　Tamelijk tevreden
3　Tevreden noch ontevreden　4　Tamelijk ontevreden
5　Zeer ontevreden　　　　　6　Weet niet/ geen mening

［問 30(1)］

問 30　いまの社会で成功している人をみて，その人の成功には，個人の才能や

努力と，運やチャンスのどちらが大きな役割をはたしていると思いますか．

1	2	3	4
個人の才能や努力	運やチャンス	その他（記入　　）	わからない

[問30(2)]

Q.30
If you look at successful people in society today, which do you think has played the largest part in their success, their ability and effort, or luck and chance?
A.30
1　Ability and effort　　　　　2　Luck and chance
3　Other (PLEASE SPECIFY)
4　Both　　　　　　　　　　　0　Don't know

[問30(3)]

vraag 30
Als kijkt naar de mensen die "geslaagd zijn" in de maatschappij, vindt u dan dat hun succes vooral te danken is aan bekwaamheid en inspanning of vooral aan geluk en toeval?
1　Bekwaamheid en inspanning
2　Geluk en toeval
3　Beide
4　Anders, nl:
5　Weet niet/Geen mening

[問30(4)]

質問30
社会で成功している人を見ると，それがその人の能力と努力，或いは運のよさによるものと思いますか．
1．能力と努力
2．運のよさ
3．両方
4．その他，すなわち＿＿＿

5. 分からない/意見なし

[問 30 (5)]
(問題箇所)
元の調査票の回答カテゴリーにはなかった「3.両方」が挿入されていた．
(検討・処置)
訳語そのものが間違っていなかったこともあり，回答カテゴリーの挿入に気づかず本調査を行ってしまった（そのため，国際比較調査としての意義を失ってしまった）．

[問 30 (6)]

30. Als u kijkt naar de mensen die "geslaagd zijn" in de maatschappij, vindt u dan dat hun succes vooral te danken is aan bekwaamheid en inspanning of vooral aan geluk en toeval ?
1　Bekwaamheid en inspanning　　　2　Geluk en toeval
3　Beide　　　　　　　　　　　　　4　Anders, nl :
5　　　　　　　　　　　　　　　　　6
7　　　　　　　　　　　　　　　　　8
9　　　　　　　　　　　　　　　　　0　Weet niet/geen mening

[問問 36 (1)]

問36　こういう意見があります．
「どんなに世の中が機械化しても，人の心の豊かさ（人間らしさ）はへりはしない」
というのですが，あなたはこの意見に賛成ですか，それとも反対ですか．
　1　反対（へる）　　　　　　4　その他（記入　　　　）
　2　いちがいにはいえない　　5　わからない
　3　賛成（へらない）

[問 36 (2)]

Q. 36
　Some people say that no matter how mechanized the world gets, nothing can reduce the richness of human feelings. Do you agree with this opinion, or do you disagree ?

```
A. 36
  1 Agree        2 Disagree       3 Undecided/it depends
  4 Other (PLEASE SPECIFY)        0 Don't know
```

［問36(3)］

```
vraag 36
Sommige mensen menen dat, hoe "gemechaniseerd" de wereld ook wordt,
niets de rijkdom van het menselijk gevoel kan verminderen. Bent u het met die
mening eens o oneens?
1 Eens
2 Oneens
3 Niet eens maar ook niet oneens/Hangt ervan af
4 Weet niet
```

［問36(4)］

```
質問36
世の中がいかに「機械化」されようと，人間の感情（feelings）の豊かさを減ら
すことはないと主張する人がいます．あなたは，その意見に賛成ですか，不賛
成ですか．
1．賛成
2．不賛成
3．賛成でも不賛成でもない/場合による
4．分からない
```

［問36(5)］

（問題箇所1）コメント1, 5

哲学的すぎる質問で，ふつうの人々には答えにくいのではないかとの指摘がNIPOからあった．

　（検討・処置1）

予備調査を行った結果，特に問題はないことが確認されたので，このまま本設問を使用するよう指示した．

　（問題箇所2）コメント2

オランダ語比較対照の結果，「豊か」に相当するオランダ語として「reijkdom（心）豊か」の他に「wardite 暖かい，人間味がある」があげられた．

(検討・処置 2)
両者は同義として，本設問では「reijkdom（心）豊か」を採択した．
［問 36(6)］

36. Sommige mensen menen dat, hoe "gemechaniseerd" de wereld ook wordt, niets de rijkdom van het menselijk gevoel kan verminderen. Bent u het met die mening eens of oneens?
1　Eens　　　　　　　　　　　　　　　　　　2　Oneens
3　Niet eens maar ook niet oneens/hangt ervan af　　　4　Weet niet

［問 46(1)］

問 46 〔カード 26〕 つぎのうち，あなたはどちらが人間として望ましいとお考えですか．
　1　他人と仲がよく，なにかと頼りになるが，仕事はあまりできない人
　2　仕事はよくできるが，他人の事情や心配事には無関心な人
　3　その他（記入　　　　　　）
　4　わからない

［問 46(2)］

Q. 46
　　(HAND CARD 46)　Whom do you consider more desirable as a person?
A. 46
　A 1　Mr. S. who is friendly and can be counted on to help others but is not an efficient worker
　B 2　Mr. T. who is an efficient worker but is indifferent to the worries and affairs of others
　　　3　Other (PLEASE SPECIFY)　　　　0　Don't know

［問 46(3)］

vraag 46　TOONBLAD 21
Aan wie van de volgende twee personen geeft u de voorkeur?
1　Iemand die vriendelijk is en op wie je kunt rekene als je hulp nodig hebt, maar die zijn werk niet erg goed doet
2　Iemand die heel goed werkt maar geen belangstelling heeft voor de zorgen

en bezigheden van anderen
3　Weet niet/Geen mening

［問 46 (4)］

質問 46　カードの頁 21
下記のふたりの人物のうちでどちらを選びますか.
1.　親切で, あなたが困ったときに助けてくれると期待してよいが, 自分の仕事はいい加減な人
2.　仕事は非常によくできるが, 周囲の人々を助けたり, 世話したりする点では全然当てにできない人
3.　分からない/意見なし

［問 46 (5)］
(問題箇所) コメント 3
日本語比較対照の結果,「仕事はあまりできない人」とあるべきところが「仕事はいい加減な人」となっている.

(検討・処置)
該当箇所のオランダ語は, 元になる英語調査票の「inefficient」に相当する言葉であるので, そのまま本設問を使用するよう指示した.

［問 46 (6)］

46.　Enq: Toonblad 10, VAK B
　　Aan wie van de volgende twee personen geeft u de voorkeur?
1　Iemand die vriendelijk is en op wie je kunt rekenen als je hulp nodig hebt, maar die zijn werk niet erg goed doet
2　Iemand die heel goed werkt maar geen belangstelling heeft voor de zorgen en bezigheden van anderen
3　Weet niet/geen mening

4

分析の実施

　本章では，われわれが特別推進研究と試験研究で調査した7か国の国際比較調査データの分析の具体例を示す．まず最初に，われわれの長年の国際比較調査研究から生まれてきた統計分析の考え方の発展に触れる．その後に，統計分析の実例を示そう．

4.1　国際比較調査方法論開発の哲学

4.1.1　Cultural Link Analysis

　本調査データは，主として，文部省科学研究費補助・特別推進研究「意識の国際比較方法論の研究」と試験研究A（1）「意識の国際比較における連鎖的調査分析方法の実用化に関する研究」のなかで収集されてきた．この過程で，第1段階として，文化の連鎖的比較研究（Cultural Link Analysis, CLAと略す）というパラダイム（方法論）が生まれた．

　国際比較研究においては，初めから全く異なる国と国を比較しても，計量的比較の意義は薄い．類似の側面と異なる側面をもつ国々を比較して，それらの側面がいかに，どの程度似ているかあるいは異なるかを明らかにして，初めて計量的比較の意義がある．この観点から，われわれの国際比較調査研究は1971年の日本人とハワイの日系人との比較調査に始まり，ハワイの日系人と非日系人との比較，米本土のアメリカ人との比較と発展し，さらに今日も脈々と続いているわれわれの一連の調査研究へとつながってきたのである．これまでに調査してきた国や地域には，ドイツ，フランス，イギリス，イタリア，オランダ，ブラジル，東南アジアの国々が含まれ，さらに調査計画は地球的規模の文明の比較へと発展しつつある．これらの国々や地域のいくつかの対は，言

語，民族の血，地域文化，歴史的源泉等の点で共有点をもっている．その共有点をもつ対同士は，その共有点に関連して国民性において類似の側面を表している場合も多いが，一方，地理的条件，歴史的発展等に起因する異なる側面をも表していることもある．そのため，統計的比較が有意義となる対象となる．この比較の対象となる対を「比較の環」と考え，この環を徐々につなげて拡大していき，やがて広範囲の国々の計量的比較を可能としていくことを志すアプローチが，CLA なのである（図 1.1 参照）．

この国々の比較の環は，他方では「比較のための調査項目群」の環にも対応する．この項目群の環を「局所的な比較」の尺度として，環の連鎖を徐々に拡張していくことにより，最終的にはグローバルな比較のための尺度構成を目指すものである（Guttmann (1972) の「比較可能性」と「項目のサンプリング」のアイデアと対照せよ）．

4.1.2 国際比較の尺度としての調査質問項目の作成

この CLA の発展のなかで，中心となるのは，とりわけ「国際比較のための質問調査票の作成手続き」である．ここで，「手続き」という表現を強調したい．表面上，比較調査は，資金と時間さえあれば，調査代理機関に調査実施を依頼し，回答結果データを得て，単純集計表上で，各国間の比較をすればよいと思われているかもしれない．実際，最近の各官公庁，民間機関での国際問題への関心から，そのような調査も多くみられる．しかし，われわれが本当にターゲットとしてねらっているのは，表面上の質問回答データ数値の比較，例えば，「日本人は，生活満足感がアメリカ人より何％低いと出ている」などということではないのである．

質問票の作成は，大きく分けて，「質問項目の選定」，「翻訳・再翻訳」，「予備調査による検討」の3つのステップでできている．実のところ，本調査によるデータ回収以前に，国際比較調査によるかなり多くの重要な情報は，すでに上の質問票作成の3つのステップのなかで得られるのである．あるいは，得る努力が必要なのである．予算と既製の調査票を調査代理会社に渡し，データ回収を待っているような調査では，実はほとんど重要な情報は得られていないのである．あるいは，少なくとも，回答データの数値の適切な解釈に十分に信頼性を与えることには疑義があろう．

本調査以前の段階でいかに重要な情報が得られるかは1章を参照していただ

4.1.3 数量化理論

CLA 発展のなかで，しばしば用いられた統計分析手法の一つが，「林の数量化Ⅲ類」である．ただし，これを単に通常の多変量分析手法の一つとしてとらえるのは，少なくとも CLA のなかでは正しくない．統計手法というよりは，むしろ，統計データ分析の実践的哲学を実行するための表現法と呼んだ方が妥当かもしれない（3.3.2 項 p.57 および 4.2 節の分析例参照）．

調査票の全質問の回答データに数量化Ⅲ類（カテゴリカル・データ用の主成分分析とも考えられるので）を適用すると，いくつかの主因子が抽出される．通常の主成分分析では，これらの主因子が，意義をもつか否かは，それらに対応する説明分散の絶対的大小と相対的大小によって判断する．つまり，分散の大小順に並べて，絶対的分散が十分大でかつ，次に続く因子の分散が著しく小となる直前までの因子を，意味のある因子として抽出する．

しかし，CLA における数量化Ⅲ類の運用の仕方は，これとは少々異なる．本来，われわれの調査研究では，質問項目は，できるだけ国民性のあらゆる側面をカバーするようにと選択されている．いくつかの質問項目は項目群として，国民性のあるトピック（生活水準，政治意識，男女の役割，宗教心，人間関係他）などに関連する項目を構成している．それらの質問項目が必ずしも同じウェイトで，国民性の側面にかかわっているという保証はない．しかし，これらの項目が，国民性の全体像をカバーするように選択された意図から考えると，数量化Ⅲ類で抽出された各因子の「絶対的」説明分散量は，あまり大きくならないのが当然となる（ただし，あるトピックに関する項目群の回答データに数量化Ⅲ類を適用した場合は分散は大きくなるだろう）．重要なのは，分散の相対的大小（因子の順位）である．この順位に対応する因子が，何をとらえているのかを元の質問項目へもどって分析するのが，次の手続きである．ただし，あまりに 1 個の質問項目とその回答データに固執するのは賢明ではない．個々の質問は，すべての国ではとんど同じ意味をなすと想定される質問もあるが，本来は「日本的質問」，「ドイツ的質問」というように，ある国の調査で使われてきたユニークな質問を，われわれの調査票に取り入れた場合もある．したがって，そのようなユニークな「質問」は，ある国と他とを識別するのには役立つが，回答データ数値の単純な大小比較が意味をもつとは限らないので注

意が必要である．これに関連して述べると，本書で用いている調査では，1988年日本の調査では調査票 A（国際比較用）と B（本来の日本版）とに分けていて，場合によっては，対応する「同じ項目」でも多少の表現の差で回答結果にも，各カテゴリーごとに比べると差異が生じることを指摘した（3.3.2 項 p. 57）．しかし，興味深いことに，全項目，あるいはあるトピック（人間関係など）に絞った関連項目群に数量化III類を適用し，国際比較（7 か国とハワイ日系・非日系，ブラジル日系人等）すると，日本 A，B 調査の配置は全体の位置づけのなかではほぼ重なり，比較する国々や地域のなかでは差が無視できるのが確認される．

　また，数量化の哲学は，回答者の思考プロセス，つまり「考え方の筋道」をクロス表分析によって吟味するところにも現れる．国際比較において，国々の回答分析はまず単純集計表の全体の回答分布パターンを分析することから始まる．しかし，仮に，ある国と他の国の（周辺）分析パターンが全く同じであったとしても，必ずしも，それらの国々での回答分布を「同じ」とみなしてよいか否かの判断は慎重でなければならない．例えば，国 A と国 B の両方の回答が，質問 1 と 2 で，どちらも 'Yes' 50%，'No' 50% であったとしよう．しかし，国 A では質問 1 で 'Yes' と答えた者は質問 2 ですべて 'No' と答え，一方，国 B では質問 1 で 'Yes' と答えた者はすべて質問 2 にも 'Yes' と答えるということもありうる．この回答者個人の考え方をも配慮した回答パターンは，クロス表を慎重に分析しなければ発見できない．われわれは，ハワイ日系人調査において身をもって，その重要性を見出したのであった（林，1993 b 参照）．そして，これを人々の「考え方の筋道」の違いをみると称している．

　いずれにせよ，国際比較調査データ分析における数量化理論とは，回答データの分析はもちろん，調査票構成の手続きや回答者の思考パターン（ways of thinking）も広く加味して，事態をとらえていくことを強調する．

4.1.4　相補的統計分析の考え方

　さらにこの研究を進めてくるなかで，われわれは分析方法においても，分析結果の解釈においても，現象の理解に対して柔軟な，いわば「相補的な考え方やアプローチ」が重要で，また現実的であることに身をもって感じるようになってきた．これは，数量化理論の哲学を延長してきたなかで生まれてきた考え方ともいえるかもしれない．もう少し具体的に，この考え方を示そう．今，こ

こで言葉で示す「相補性」とは例えば，
  ① 多次元尺度的表示と一次元尺度構成
  ② 大域的比較と局所的比較
  ③ 属性別の回答パターン分析と回答パターンから観た属性の規定
  ④ 理論と実証データ
等である．

基本的な考え方は，「分析に当たり，分析の切り口は明確にしなければならないが，分析を進めるなかで，その視点を柔軟に変えながら，対象の全体像の理解に努める」ということである．上の①～④について説明を加えよう．

1) 多次元尺度的表示と一次元尺度構成の相補性　　例えば，一方で，国際比較の統計的分析において調査対象国のもつ種々の側面の全体の関連，各国間の全体的位置づけのイメージをとらえるには，数量化III類等の多次元尺度表示を利用することがある（林知己夫・林文，1995）．他方で，各国のデータを分析し，ある特定のトピック（例：仕事に対する態度，QOL 等）に関するデータを分析するには，関連する質問項目を厳選し，なるべく簡単な一次元尺度を構成して，得点（スコア）を比較分析することも可能である（Yoshino & Kohr, 1995 ; Hayashi, Suzuki & Sasaki, 1992, Ch.8 ; 本書の 5.2 節，p. 102 も参照のこと）．

2) 大域的比較と局所的比較　　上記の尺度構成における多次元表示と一次元尺度の相補的利用は，さらに，比較対象の空間的連関でいうと，大域的比較と局所的比較のための尺度構成における相補的利用に結びついている．一方で，少しずつ異なるが，大きな地域にまたがる国々を全体として比較しようとすると，当然，粗い尺度で全体のパターンのなかで各国を位置づけることになる．他方で，ある特定の地域や国に焦点を当て，ある特定のトピックや，属性について調べるには，詳しい尺度が必要であり，多次元尺度法におけるような情報縮約は用いず（もちろん，数量化III類等の多次元尺度法も巧妙に利用できることもあるが），生のデータからすぐに得られる単純なスコアが役立つこともある．(Hayashi, Suzuki & Sasaki, 1992, Ch.8. 参照)

3) 属性別の回答パターン分析と回答パターンからみた属性の規定　　各属性カテゴリー（性別，年齢別，職業別，学歴別等）に属する人々がどのような回答を示すかを，属性カテゴリー別の単純集計表で回答分布を比較することも

通常多く行われている．しかし，ここで得られる結果は単に，どのような年齢，学歴や職業の人々がどのような意見をもっているかという表面的な情報だけではない．学歴の高低，職業の種別といっても，実際のところ，その区別は，各国ごとの事情は複雑である．例えば ILO (International Labor Organization, 国際労働機構) で定められた各国共通の職業別コードがあるが，それですら，ある国で高度の専門職を表す言葉 (skilled worker) は，他国では単に長年の間に同じ職に従事しているものを指すだけだったりするようなこともある．そもそも本当に「共通コード」というものが構成できうるのかという問題があり，みかけほど簡単ではない．教育制度は先進国でも多様であり，単純に学歴の高・中・低の区分に学校の種別（大学，専門学校等）を対応させることはむずかしい（われわれの場合は試行的な方便として，「何年学校に在学したか」を尋ね，その年数の分布を国別に調べ，この分布に準じて高・中・低の1/3ずつの学歴区分とした．収入の高・中・低も同様である）．

このような事情を考えていくと，ある国のある属性カテゴリーの人々の「回答パターン」が，逆に，その属性を特性づけるのではないかと考えていくこともできる．これは，質問という「刺激」と，それに対する「回答」との間の相補的連関である（林・吉野・鈴木他，1998，第II部第2章，林文参照）．例えば，欧州のカトリックとプロテスタントの回答パターンは，米国ではそれぞれ逆にプロテスタントとカトリックの回答パターンに近いことが知られている．これは，欧州では本来カトリックの多数者に対する意義申立てとして，プロテスタントが出現していったのに対して，米国ではプロテスタントの移民がつくり上げてきたのであって，カトリックはむしろその後に宣教にやってきたという事情を考えると納得がいくかもしれない．また，相対的に，欧州のプロテスタントに若年の高学歴が多く，米国ではカトリックに多いのも確認されている．

この質問項目群と回答データとの相補的関係は，以前より「因子分析法」において問題とされ，議論されている事柄にも通じているだろう．

4) 理論と実証データ　理論的展開と実証データの収集と分析が，相補って進められていくべきことは，議論の余地がなく，一般に受け入れられているであろう．しかし，現実に昨今の学術雑誌に発表されている論文の多くが，この思想からかなり乖離してしまっているのである．巨大科学化している分野では，個々の研究者のレベルでは，理論家と実験・観察家との分業が進められて

いても不思議ではない．しかし，科学の具体的対象や現象に全く言及されていない机上の空論，シミュレーション研究の発表も増大し，危惧を感じざるをえないのが現状である．

林の数量化理論は，本来は，特定のモデルの利用ではなく，刑務所の受刑者の仮釈放の判断（II類），日本人の国語能力を基本属性から推定すること（I類），マーケティングのための嗜好の分析（III類）など，実証的統計分析法の哲学として生まれてきたものである．われわれは，その延長上にあるこの研究のなかで，再び理論と実証データとの相補的発展を進める研究態度を強調し，実践例を示していきたい．

4.2 統計的分析の実例

以下は，吉野（1994）が「統計数理」に発表した論文を修正加筆したものである．これは，われわれの研究の一部を表わしているにすぎないが，巻末のおのおのの文献とともに参考にしていただきたい．

4.2.1 日本人の国民性意識の時系列的比較
—「人間関係（義理人情）」と「伝統・近代」の2つの主軸—

統計数理研究所のグループが，今まで遂行してきた社会調査研究の基礎は，1章の冒頭で述べたように，1953年以来の「日本人の国民性意識」調査にある．この研究の発展のなかで，米国より導入された標本抽出理論に基づき，日本の実情に沿った実践的方法論が展開されてきたのである．

1988年までの時系列的研究は，『日本人の国民性』第1巻（1961）から第5巻（1992）にまとめられ出版されている．この研究を通して，特に「人間関係に絡まる側面を表す」次元と「伝統から近代化への移行を表す」次元の重要性が浮かんできた．

人間関係に関しては，林（1993a）の数量化理論を用いた分析によると，1963年以降の25年間，義理人情を重んじる回答とそうでない回答がパターンとして明瞭に分かれ，こうした考え方の安定性が確認されたとされている．また，年齢層別に見ても大局的には差異がないことにも注目し，この安定性を裏づける結果になったとしている．一方，「伝統・近代」については，日本の歴史的背景として，明治以来，近代化路線に乗って国家の発展に努めてきたことにより，多くの面にわたって伝統と近代とを対比させて考え，近代化をはかる

という社会の目標が形成されてきたと考えられる．林は，1953年から1973年のオイル・ショックまでの20年間は伝統的回答が強固に固まり，伝統的回答と近代的回答を常に対比させる考え方の道筋があるということを指摘している．しかし，1978年の調査を境に，近代的回答が伝統的回答群のなかに入り込んできて，考え方の様相に異なるものが現れ始めた．つまり，従来の意味での「近代」化が崩壊し，一種の伝統回帰的傾向すらみられ始めたということは注目に値することである．

　全体的にみると，日本人の価値観の大きな変化は「子どもに金が大切と教えるか」「首相の伊勢参りについて賛成か」「自然と人間との関係－利用すべきか，服従か，征服か」といった質問に対する回答に現れている．すなわち，結果は，「金が大切」の質問では第Ⅰ次調査（1953）から第Ⅶ次調査（1983）まで，一貫して「賛成」が「反対」を押さえていたが，ついに第Ⅷ次調査（1988）に至り，「反対」が「賛成」を上回ることになった．「伊勢参り」については調査開始以来「本人の自由」と答える人が急速に増えて，1988年の調査では約60％前後と圧倒的な割合になっている．「自然と人間」では第Ⅰ次調査から第Ⅳ次調査（1968）までは，「自然に従う」が減少し，「自然を克服」が増加する形で推移したが，1970年前後から顕著になった公害や環境問題に影響され，第Ⅴ次調査（1973）では「自然に従う」と「自然を克服」の支持率が逆転し，それ以降は「地球環境にやさしくすべきである」という意味での伝統回帰的な回答傾向がはっきりと現れつつある．ここで，時代につれて，「自然」という言葉の意味のニュアンスが変化してきたことは，他の時系列的社会調査においても言葉の意味の変化の可能性についての注意を促すことの必要性を示している（これは国際比較のなかではさらに注意すべきであろう．「自然を守れ」は，かつては保守的な態度であったかもしれないが，最近ではこれを標榜する過激派的な者も一部にはみられよう）．

　一般に，国際比較調査によって，日本人は多くの質問に対して，「どちらでもない」「わからない」といった中間回答が多い傾向が指摘されているが（Kuroda & Suzuki, 1989 b），時系列的に考察しても，質問の内容によって中間回答が多く見られるようになってきた部分もあり，興味深い．極端にその傾向がみられる例としては，「首相の伊勢参り」の質問回答で，第Ⅰ次調査から第Ⅷ次調査までに「どちらでもよい」が2倍以上に増えている（水野・林・吉

野他，1992，p.209 参照）．

この時代の流れに沿った変化を簡明に表示するために，GHT（generalized high threshold）モデルと呼ばれる計量心理学的モデルと，その分析結果の多次元表示法であるVA（vectorial angular）表示（吉野，1990；Yoshino，1991, 1992 a）を用いる．このGHTとVA表示の対を簡単に「superculture モデル」と称しておこう．このモデルは公理系によって定義されるのだが，詳細は，本章末の付録Cと他の文献（吉野，1992；Yoshino，1992 a）にまかせて，ここではごく簡単に言葉で概略を説明しよう．

まず，比較対象となる国々や回答者集団に共通する文化的・社会的基盤を想定する．これを "superculture" と称する．本節のような時系列データの比較においては，例えば「戦後数十年の日本の発展期」等，当該の比較対象をカバーする時代の様相とでも称するべきものが，これに該当するだろう．国際比較をする場合では，対象によっては，先進工業国の潜在的共通性，アジア民族の共通性，旧共産国の国々の共通性等が，また日本人全体の中の下部集団間の比較では，日本人としての共通性がこれに対応するであろう．比較される各メンバーは，この「共通性への一致度」を示すパラメターによって特性づけられる．VA表示では，各メンバーは2次元のX-Y平面や3次元のX-Y-Z空間の中のベクトルで表され，そのX軸成分が，この共通性への一致度を表示する．メンバーのsupercultureに対する一致度は，対応するベクトルのX軸成分が1.0に近いほど高く，0.0に近いほど低い．さらに，ベクトルとベクトルの間の余弦によって，対応するメンバー間の「回答の一致率」が表される．つまり，ベクトル間の挟角が小さいほど，両者の回答の一致率は高く，ベクトルが直交するときは，全く異なることを表示する．

過去40年間にわたる調査データにこのモデルを適用し，さらにVA表示してみると，図4.1のようになり，年代につれた変化が現れている．

総じて，図4.1cでは，Z軸上下には時代の流れが，Y-Z平面には「伝統回帰」が一種の回転として現れている．ここでいう「伝統回帰」とは，例えば，最近の女子大学の卒業式に和服姿が多くみられるようになったことなど，実質はかなり意味が違うかもしれないのだが，見かけ上，伝統に従っているような傾向がみられることも含まれる．「人間関係」については，林の数量化理論による分析で不変性が確認されているが，VA表示はこれを明示していない

82   4 分析の実施

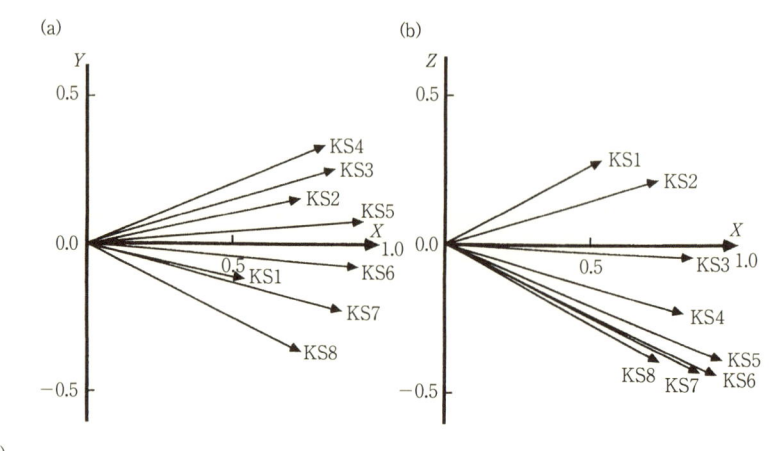

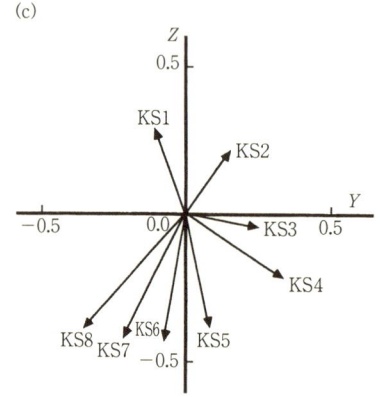

図 4.1 日本人の国民性意識の経年的変化（1953～1988）のVA表示
KS1, KS2, …, KS8 の各ベクトルは，1953年より5年ごとの調査結果に対応する．ベクトルの X 軸成分が 0.0 より 1.0 に近いほど，superculture（比較対象群の共通性）への一致率の度合が高い．ベクトルの各対の間の余弦は，対応する調査の回答パターンの一致率を表し，挟角が小さいほど，一致率は高く，直交する場合は，一致率が 0 である．このデータでは，Z 軸の上から下には「時代の流れ」が，Y-Z 平面には「伝統回帰」が一種の回転として表されていると考えられる．

（VA 表示は変化する側面の方をよく表す）．

注：本節の分析は「日本人の国民性調査」の第1～第8回のデータに基づいているが，その後の第9回（1993），第10回（1998）のデータも含めて，統計数理研究所・研究リポート No. 83 に掲載されている．

4.2.2 国際比較データ—国民性の空間的比較—

国民性の国際比較調査は，1970年代初めに，ブラジル日系人調査の「計画」によって始まった．計量的な国際比較を遂行する際，全く異なる2か国を比較してもあまり意味がない．ある側面では似ているだろうし，また異なる側面もある2か国を比較調査して，「何が，どの程度同じで，あるいは異なるのか」

が分析できて初めて研究の意義がある．この意味で，日系移民の多いブラジル人を，「日本人の国民性」の国際比較研究の対象として選択するのは自然な発想であったろう．

しかし，実際の計画遂行は机上の理論からは想像できないことに出会うことが多い．日本側の準備は着々と進んでいたのだが，当時，軍事政権下におかれたブラジル政府から調査の許可が下りないという事態に直面したのであった．つまり，他国が国内事情を調査することは，多分に政治的行為であり，純粋な学問的動機として簡単には許可できないということであった．この予想外の事態に直面し，急拠，ハワイ大学の黒田教授と接触がとられ，「ハワイ日系人」調査に計画が変更され，これが遂行されたのであった（統計数理研究所・研究リポート No. 63；林知己夫・三宅・鈴木・佐々木・林文，1991）．この調査を端緒として，人文・社会科学としては異例の大がかりな国際比較調査研究が次々と生まれてきたのである．

注：ブラジル日系人調査は，ようやく 1991 年に遂行された．統計数理研究所・研究リポート No. 72 参照）．

以下，この流れを継承する研究の一例として，本項では，統計数理研究所を中心とした研究グループにより，1987 年から 1988 年に日本，米国，イギリス，ドイツ（東西の統一前の西ドイツ），フランス，さらに 1992 年にイタリア，1993 年にオランダにおいて施行された社会調査データを振り返り，これらの国の人々の意識様式を概観してみる（このデータは，一部については Suzuki (1989) も数量化理論を用いた分析をし，吉野 (1992)，Yoshino (1992 a) も superculture モデルを用いた分析の結果をすでに報告している）．

この調査では，各国の成人の男女の全体を母集団として，ランダム・サンプルを抽出し，面接調査によって質問の回答を得た．サンプリングは，日本，イギリス，フランスでは二段階層別無作為抽出法により，米国，西ドイツ，イタリアは，ランダム・ルート・サンプリングによった（2.2 節，p. 27 参照）．ただし，同じ名称のもとでのサンプリング法でも，実際には詳細な点では国によって異なる点もある．理論的には抽出法をそろえるのが望ましいのはもちろんであるが，現実には，このように差異が生じるのは各国の状況の差から考えて避けがたいのも事実である．ここでは，詳細な議論には立ち入らないが，厳密

には，データの比較可能性の問題として，現在，考察中である．ただし，先に4.1.3項で数量化Ⅲ類について説明したように，多数の項目の回答データのパターンを解析する数量化理論や本節で用いるモデルは，調査票の表現や調査法の違いが極端ではない限り，ロバストな（安定した）結果を示すことが経験的に確認されている（各国において避けがたい差は，サンプリング法だけではない．例えば，1991年にようやく実施されたブラジルの調査では「成人」を定義することが問題となった．同じ18歳でも，選挙権を申請し取得する者は成人としての犯罪法も適用されるが，そうでない者には少年法が適用される．つまり，国によっては，国政に参加する年齢や，少年法の適用等の事情がかなり異なることもあるので，単純に同一年齢をもって成人の定義はむずかしいことになる．その他，職業，学歴などの属性の分類比較も，万国に通用する定義は，必ずしも自明ではない）．

質問項目は，予備調査のデータを分析，検討した結果に基づいて，各国の国民の生活全般にわたって比較するのが有意味であると思われる約100項目が選ばれた．質問は，「日本人の国民性」（前項）の意識調査に用いられてきた質問や，ドイツのALLBUS (Allgemeine Bevoelkerrungsumfrage der Sozialwissenschaften)，フランスのCREDOC (Center de Recherche pour l'Etude et l'Observation des Conditions de vie) や米国のNORC (National Opinion Research Center) などの諸外国の著名な研究組織による関連した社会調査に用いられた質問を参考にして選択された．概略的に，次のようなトピックが取り上げられている（質問の正確な表現は，巻末の資料A～Cを参照）．

① 生活状態（例：あなたの生活水準は，この10年間でどう変わったと思いますか）

② 家庭や家族や家系（例：あなたは，自分の家庭に満足していますか，それとも不満がありますか）

③ 仕事に関する考え（例：もし，一生，楽に生活できるだけのお金がたまったとしたら，あなたはずっと働きますか，それとも働くのをやめますか）

④ 価値観（例：人の暮らし方には，いろいろあるでしょうが，次に挙げるもののうちで，どれが一番，あなた自身の気持ちに近いものですか．1.金持ちになること，2.名をあげること，3.自分の趣味に合った暮らし方をすること，等）

⑤ 人生に対する考えや社会に対する態度（例：人の成功には，個人の才能や努力と，運やチャンスのどちらが大きな役割をはたしていると思いますか）

⑥ 政治（例：あなたは政治に関心がありますか）

⑦ 男女の役割（例：家事や家庭について，どうお考えですか．1.すべてが女性の仕事である，2.いくつかは女性の仕事である，3.すべての仕事は，男性と女性とで公平に分担すべきである，等）

⑧ 子どもの教育（例：小学生くらいの子どもを育てるのに，「小さいときから，お金は人にとって最も大切なものの一つだと教えるのがよい」という意見に賛成ですか，それとも反対ですか）

⑨ 自然と人間の社会，科学や機械文化の進歩と人々の暮らし（例：科学上の発見とその利用は，あなたの日常生活の改善に役立っていると思いますか）

⑩ 宗教（例：「宗教にはいろいろあり，それぞれ立場が違うが，結局は，一つのものを説いている」という意見に賛成ですか，それとも反対ですか）

superculture モデルを適用すると，各国の相互関係は図 4.2 のように表される．

吉野（1992）はすでに，イタリア，オランダを除く 5 か国の国民についてのデータを分析して，VA 表示を報告しているが，それらの 5 か国に関しては図 4.2 はそれとほとんど同じパターンを復元している．これは，GHT モデルと VA 表示の結果の安定性の確認となる．5 か国中ではフランスが比較的異端となって現れていたが，イタリア，オランダを含めた 7 か国中では，イタリアとフランスが近接し，一つのクラスターとなって現れている．

これらの分析の結果を，Inkeles（1996）のパーソナリティ理論を国民性分析に利用する発想に習って，VA 表示の各軸をパーソナリティの次元（例えば，Eysenck & Wilson（1975）のパーソナリティ次元）に対応させることをあえて試みると，X 軸方向は仮定により，各国の「共通性（superculture）への一致度」，X-Y 平面の Y 軸上下方向には内向性・外向性の対比，X-Z 平面の Z 軸上下方向は，国情の不安定性・安定性の対比が現れていると解釈できないであろうか．ここでは，これ以上詳細に展開しないが，Inglehart（1977）の脱工業化社会とポスト・マテリアリズムとの関連研究のように，世界の発展と絡めて論じることができるようになれば，より意義深くなるであろう．

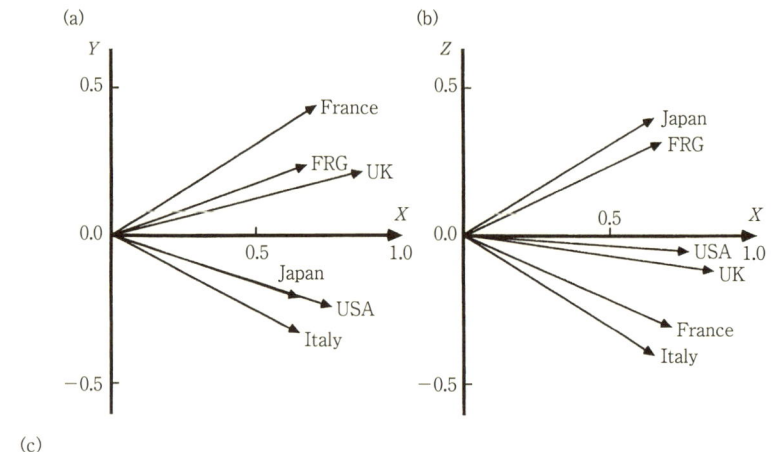

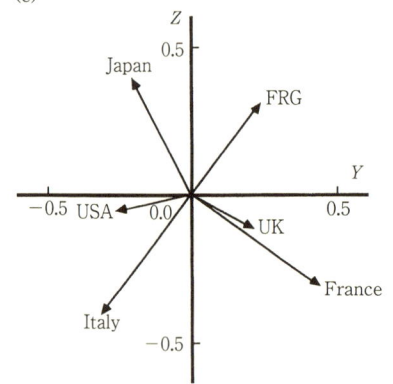

図 4.2 国民性の国際比較の VA 表示
パーソナリティ理論を国民性の次元にもち上げて考えると，例えば，X 軸方向には，「これらの先進工業国の共通性 (superculture) への一致率」，Y 軸上下方向には「内向性・外向性」，Z 軸上下方向には，「国情の安定・不安定性」が現れていると解釈できる可能性がある．調査は，Italy は 1992 年，その他の国々は 1986~87 年に遂行された．

　この研究は，現在も文化の連鎖的比較の環を広げつつ進められているところである．この進行のなかで，初期には比較の意義があると想定された質問のなかに，ある国では自然な質問が他の国では，文法的問題ではなく，文化や社会システムの相違によって不自然な質問となるようなこともあるのが徐々に判明してきた．例えば，調査票日本 A の Q 11「先祖を尊ぶか」は日本では自然な質問だが，他の国では「先祖」という語で親族ではなく，歴史上の偉人などを思い描くことが明らかになってきた．

　また，途中で，意義のある関連質問を見出し，加えられたものもある．例えば，日本 A の Q 9「不安感」について，オランダ調査の代理会社の提案で「エイズ」への不安の項目を加えることにした．この「比較可能性」に関して

の問題が生ずるのは，同一国・同一地域での継続調査についても同様である．したがって，これまでの結果に基づいて「国際比較調査」と「日本人の国民性意識調査」の質問群を再整理し，現在と少なくとも近い将来においては継続比較調査研究の意義のある質問群の核を確定していくことが必要であろう．次章では，これまでわれわれが利用してきた質問項目群を整理し，今後も使用に耐える項目として洗練するためのまとめを示そう．

4.3 バイリンガル回答者による言語比較調査

この節では，同一質問を異なる言語で表現した場合の回答の影響を研究する目的で遂行された調査について触れてみよう．4.3.1 項に日本語と英語の比較調査，次に 4.3.2 項ではアラブ語と英語の比較調査の結果の要点を述べる．

4.3.1 言語による回答の差

―日英両語による日本人とハワイの日本人・アメリカ人の回答比較―

3章で述べたように，社会調査による国際比較研究の大きな問題点の一つは，質問の翻訳にある．一つの言語で表された質問文を他の言語に訳すとき，単純な逐語訳は必ずしも「同じ意味」の質問とはならない．これは，単に文法や語句の問題ではない．異なる言語を用いている社会には，異なる歴史や文化が背景にあり，一方の社会で自然な意味をもつ質問が，他方の社会では，かなり不自然で唐突な質問に聞こえる場合もある．通常は，当該の国々の言語に精通した複数の専門家が独立に翻訳した文を，対照，検討したり，バック・トランスレーションを必要に応じて幾度も繰り返したりする．いずれにせよ，社会調査の国際比較データを収集する目的での質問文の翻訳には，慎重でなければならない．また，得られた集計分布データは，単純な数値の大小比較ではかたづけられず，特別の配慮が必要である．

林・鈴木（1986, p.36）は，同じ日本人の集団とみなされる場合でも，質問に用いる言語の差によってどの程度の回答の差が生じるものなのかを調べる目的で「日英両語による質問文の調査による検討」の研究を行った．彼らは，筑波大学の日本人学生を対象にスプリット・ハーフ方式（等質と想定する標本集団の 2 群分割）により，それぞれ日本語調査票回答者群（117 人）と英語調査票回答群（110 人，辞書持参）に自記筆式調査を行い，そのデータを分析，検討した．さらに Kuroda, Hayashi & Suzuki (1986) はハワイ大学の日本人

留学生（136人の日本語質問に回答する群と133人の英語質問に回答する群）およびアメリカ人の学生（288人の英語質問に回答する群のみ）に同様の調査を行った．調査の条件やデータの詳細な説明は，Kuroda, Hayashi & Suzuki (1986) および林・鈴木 (1986, p. 36) の文献にある．また，質問文の詳しい表現は，林・鈴木 (1986, pp. 38-45) にみられる．さらに，このデータについて，林〔林・鈴木, 1986, 第2章〕は数量化III類を用いた分析をしている．

図4.2のsupercultreモデルによる分析にみられるように吉野 (1992) は，それらのデータを再分析し，同じ日本人でも，質問が日本語の場合と英語の場合では回答にある程度の差が出ることを再確認した．さらに詳しく述べると，ハワイの日本人留学生の場合の日本語回答と英語回答の差は，日本にいる日本人の場合におけるそれらの差よりも少ないようである．これは，バイリンガル（日英両語の語学力）の程度が，ハワイにいる学生の方が高いということか．あるいは，日本にいる学生の方が日英の質問文の差に敏感であるということであろうか．今後の検討が必要であろう．

4.3.2 偽造データの検出
―アラブ語・英語バイリンガルによる回答の差の分析―

前節で述べたハワイの日英言語比較調査と同様の主旨で，米国やヨルダン，エジプトにおけるアラブ人のバイリンガル（アラブ語と英語）の学生を用いた一連の調査が行われている（黒田, 1989; Kuroda & Suzuki, 1989 a）．

しかし，この調査データ収集のなかで，統計数理研究所の国際比較調査研究のグループが初めて直面することになったのは「海外での他機関の収集した調査データの信憑性」の問題であった．この調査のなかの最初のデータは，われわれのグループが米国のある大学のアラブ系の研究者に依頼し，当地のアラブ人留学生のバイリンガル・グループを対象とし，アラブ語と英語による同一質問を遂行してもらった結果から得られたものであった（と想定されていた）．当方のグループでは，アラブ人に関する知識は乏しいために判断のより所もなく，当初は，そのデータをありのままに受け入れるほかなかったのであった．しかし，徐々に他所において遂行された同様のアラブ・英語バイリンガル比較調査データが収集されるにつれて，最初のデータが種々の条件の差を考慮に入れても，かなり他とは逸脱したものではないかという疑惑が生じてきたのであった．

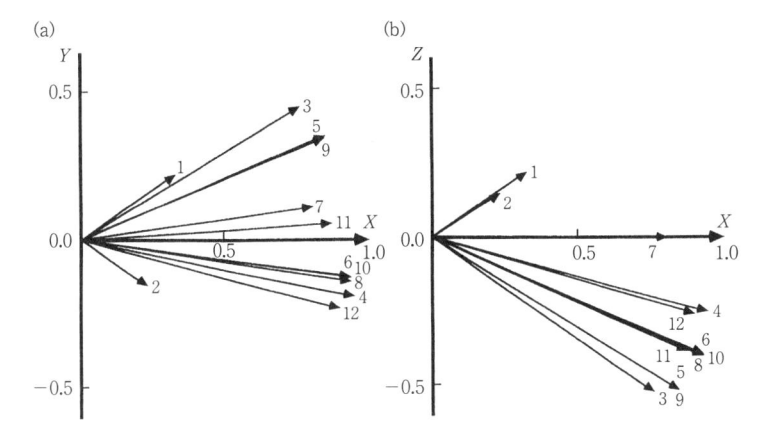

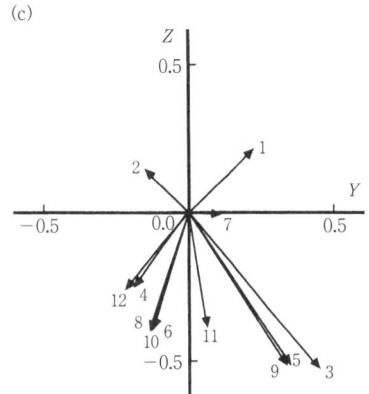

4.3 バイリンガル回答者による言語比較調査

図 4.3 アラブ語・英語のバイリンガル比較調査の VA 表示

表中偶数はアラビア語質問回答者のグループ, 奇数は英語質問回答者のグループで 1 と 2, 3 と 4, …, 11 と 12 がおのおの同一地点での調査の一対になっている. 調査地点は 1 と 2, 3 と 4 が米国, 5 と 6 がアンマン, 7 と 8, 11 と 12 がカイロ, 9 と 10 がヨルダンである. 各地のアラブ人学生によるアラブ語・英語による同一質問に対する回答のパターンを VA 表示すると, 英語群は Y 軸成分が正, アラブ語群は負として, 明瞭に分離されている. データ偽造の疑義がある 1 と 2 が他とは際立ってかけ離れているのがわかる. しかし, それらのデータにおいても英語・アラブ語の区別が他の調査データに従っているらしいのは興味深い.

これらのデータに superculture モデルを適用してみると, 一目瞭然に偽造データが他の信頼のおけるデータとは著しくかけ離れているのがわかる (図 4.3).

しかもおもしろいことに, 元の数値データのみからは必ずしも明瞭ではなかった英・アラブ語質問文による回答パターンの差もきれいにグループ分けされている (図 4.3 c). 一つ興味深いのは, 偽造データにおいても英・アラブ語のグループの分類に従っている傾向があることである. これは, 偽造の際にも言語の影響が出たということなのであろうか (なお, 調査員にかかわるデータ偽造に関しては, 白倉〔原, 1992, pp. 215-228〕がまとめている).

偽造データを除いて, これらのデータとハワイにおける日・英語調査データ

を含めた分析結果を簡潔に総括すると，以下のとおりである（詳細は，トヨタ財団1989年研究助成研究報告（黒田，1989）を参照）．

① 日本語と英語に比較して，アラブ語は中間的回答を避け，両極端の意見にはしる傾向がある．アラブ語と英語の相違は英語と日本語の差よりも少なく，また，回答者の国籍よりも，用いる言語の影響力の方が重要となる．

② 日本語のもつ拘束力の一つは，国籍や人種を問わず，日本語で話す人間を曖昧化し，両極端の大賛成や大反対というような意見を避け，アラブ語と反対に抑制力をもつものである．英語はその点アラブ語の方に似ており，日本語との差は大きい．

③ 中間的回答，例えば「時と場合による」等の回答は必ずしも両極端の回答カテゴリーの定める一次元の軸上の中間回答ではなく，何かその他の次元，つまり別の意味をもつ．中間的回答は，それ自身の次元をもつ性質のもので，「賛成—反対」や「Yes—No」の一次元連続体の中間に存在しない回答である．この点は，測定尺度構成の問題として重要であろう．

④ カイロのアメリカ大学の学生は，英語化の程度がアンマンのヨルダン大学と比べて高く，また，英語文化への接触度の高い学生は，全般的にいって中間的回答が多い．

⑤ 意見を二者選択しなければならない場合，英語とアラブ語では相違が出る場合もある．例えば，アラブ語でものを考えている場合は，アラブの伝統的な意見が出やすい．イメージについては，アラブ語（母国語）ではアラブ文化やアメリカ文化に対してのイメージが批判的であるのに反して，英語ではそれが肯定的なイメージに変わる傾向があるという興味深い結論が出た．

それでは，なぜアラブ語は回答者に明確で極端な表現方法をさせ，英語ではそれが少し穏やかになり，日本語ではできれば賛成も不賛成もせず中間の回答を選びたくなるのであろうか．これについて，黒田（1989, pp. 8-9）は次のように説明する．

『世界の3大宗教は，総てセム族に属する言葉を母国語とするヘブライ人とアラブ人によって形成された．ユダヤ教はヘブライ語，キリスト教はアラム語，イスラム教はアラビア語によって伝えられた．彼等は一神教の元祖ではないが（インド-ヨーロッパ語系のゾロアスター教がその元祖）一神教を世界の宗教にまで育て上げた民族である．彼等は彼等自身を「本の民」と呼び，他の

人と区別している．科学の初期の発達も彼等がセム語で考えた結果の産物である．これらのなかにある一つの重要な思想法は，絶対的なものを疑わない基本的態度である．最も重要な質問は，ユダヤ教徒か，キリスト教徒か，イスラム教徒か，神を信じるか否かである．これらの質問の共通点は「アレカ，コレカ」であり，「アレモ，コレモ」ではないという事実である．絶対的なものの存在を肯定した上での質問なのである．科学発展の途上，仮説を立てて，それが現実と一致するか否か実験してみるという方法もまた，事実か否か，黒か白かという考え方である．

日本に絶対的宗教や革命的マルクス主義が受け入れられず，西洋流の科学が発達しなかったのも，日本文化と日本語の持つ基本的な要素から来ているのかも知れない．日本の聖徳太子は仏教が中国や朝鮮半島を通じてインドから入ってきた折,「アレカ，コレカ」と考えず，「アレモ，コレモ」と考え，神道と仏教の共存を正当化したのである．中国と韓国はこの点日本と異なる文化的伝統をもっていることは，キリスト教がいかに韓国と台湾で受け入れられているかを見れば分かる．つまり，日本語と和の精神は，基本的に一致して分離し難い迄になっているのである.』

以上のように，同じ集団の人々に対する同意味と想定される質問でも，異なる言語による質問は回答分布にある程度の差を生じることが再確認された．その差の程度は，当該の質問，総質問数，用いる言語，回答者の属する集団等によって異なるであろう．われわれは，この点に留意して国際比較データを慎重に取り扱わなければならない．したがって，国際比較社会調査において各国に対応する質問票の構成の際は，事情が許す限りにおいてはプリ・テスト等で，同一集団（国民）でも異なる言語で表された同一質問に対してどの程度の回答の差が生じるのかを明らかにすることが望ましい．ただし，そのようなプリ・テストのためには複数の言語を比較的自由に使える回答者を集めることが必要であり，費用や労力の点も含めて，現実には厳しい課題である．

4.4　社会調査の危機—情報回収量について—

社会調査に関する数々の問題のなかで，近年，特に大きな問題とされているのは，面接調査における回収率の著しい低下の傾向である．あまりに低すぎる回収率は，戦後発展し，広く使用されるようになったランダム・サンプリング

法の根底を揺るがす問題である．これまでは，通常回収率70%以上が母集団の統計的推定において信頼性を確保するのに必要といわれてきた（70%回収率では，回収された集団のデータと回収されなかった集団のデータのYes/Noの比率が，それぞれ60%：40%と40%：60%と逆転していても，回収されたデータのみからの推定のYes/Noは母集団のそれとは逆転しないことがわかる）．

今日，特に都市部では，プライバシーの問題，安全性の問題（押し売りや悪徳商法のセールス，怪しげな新興宗教の勧誘等），仕事の勤務時間と通勤時間の増加による在宅時間の減少や限定等が原因で，東京23区を調査対象とする東京定期調査（統計数理研究所・研究リポートNo. 28）では，1980年代の半ばより回収率が50%台に落ちた（実際に都市部で50%を下回ったことを正式に報告してあるのは『日本人の国民性 第5』，水野他，p. 48が初めてである）．特に，若年層の回答者にアクセスするのがむずかしくなっている．

この問題について知見を得るために，同時期に3グループの調査機関（民間の2グループC，Sと，統計数理研究所が日本の各大学の協力を得て行った調査KS）で同一質問文を用いて調査を遂行して得られた結果を比較してみよう．表4.1, 4.2は，この結果を示している．各質問に対する回答分布にも，各調査における回収率にも，ばらつきが見られる．民間の調査会社は，統計数理研究所の国民性調査よりも高い回収率を維持している．

注：表中のグループSのみ2回の調査結果が記されている．

ところが，データを次のように眺めるとおもしろいことがわかる．まず各質問において，回答者が'わからない''その他'等以外の明確な意見を表す選択肢を選んだ率を「明確回答率（definite response rate）」と呼ぶことにしよう．すると各調査ごとに，全質問の明確回答率の平均値が計算できる．また，この明確回答率の平均値に，各調査ごとの回収率を乗じたものを「情報回収率（information collection rate）」と呼ぼう．表4.1の一番下の行にこれが示されている．これをみると各調査での明確回答率や回収率の相違にもかかわらず，この情報回収率がほぼ一定であることが直ちにわかる．つまり，回収率と明確回答率との間に一種の相補性がみられるということである．

これは，次のように解釈することが可能であろう．標本調査で情報を得ると

表 4.1 3つの調査グループ (KS, S, C) が,ほぼ同時期に同じ4問を調査した結果 (%)

質問項目＼調査グループ	KS (1988)	S (1988)	S (1992)	C (1992)
世の中が機械化しても,人間らしさは減らないか	74.9	62.5	58.2	65.7
自然を征服すべきか,利用すべきか,従うべきか	96.0	89.8	89.7	92.9
入社試験で一番の成績の人と,二番の親戚とどちらを採るべきか	94.1	83.9	81.5	88.4
入社試験で一番の成績の人と,二番の恩人の子とどちらを採るべきか	93.8	83.6	77.9	86.8
平均明確回答率 (DRR)	89.7 ± 9.9	80.0 ±12.0	76.8 ±13.4	83.5 ±12.1
回収率 (CR)	61.7	72.4	74.2	68.9
情報回収率 (ICR) = (CR)×(DRR)	55.3 ± 6.1	57.9 ± 8.7	57.0 ± 9.9	57.5 ± 8.3

各調査における回収率 (CR) も回答者が明確に答えた率 (全体の回答から'わからない'や'その他'を除いた率, DRR) も異なる.しかし,これらの積 (情報回収率, ICR) は,ほぼ同じになっている.

きに,情報収集のキャパシティに一定の限界があり,いわば一種の情報の「ホース」から情報という「水」が流入されようとするとき,ホースの管の面積と流入する速度が逆比例するかのようになる (情報処理システムのキャパシティについては,McEliece, (1982) を参照).自然な状況でも回収率が低くなってしまう社会状況のなかでの (面接) 調査では,回収率を上げようとすると明確回答率が低くなってしまう.これは,あまり積極的に回答に協力しようとしない人に無理に回答を求めても,明確な回答を得るのはむずかしいということを示していると推察できよう.

なお,年代順に国民性調査における情報回収率の変化をみると表4.2のようになり,やはり近年,著しい低下がみられる.一方,明確回答率は年代順に徐々にだが確実に増加している.これは,回答に積極的に協力してくれる回答者だけからしか回答が得られない時代になってきているということであろうか.もし,これが不可避の世の中の流れの状態であるとすれば,われわれはバイアスのかかったデータからいかに母集団についての情報を推定するか,あるいはその限界を明らかにするかという問題,また全く新たな視点から社会調査データを解析する理論を展開の必要性 (Yoshino, 1998参照) に直面していることになる.

表 4.2 日本人の国民性調査第1〜第8回（1953〜88, 5年ごと）の情報回収率の変化（%）

質問項目	カテゴリー数	調査回							
		1	2	3	4	5	6	7	8
2.1	3	95	95	97	96	97	96	97	97
(m.d.)	2	76	76	72	76	68	72	68	62
2.4	6	92	94	94	95	95	95	94	95
2.5	3	91	86	89	93	93	93	95	95
3.9	5	88	82	87	84	88	83	83	87
(m.d.)	4	65	55	46	51	40	32	31	28
4.4	2	80	79	82	81	85	84	85	85
4.10	3	96	92	95	93	94	93	93	95
(m.d.)	2	89	84	83	84	77	81	78	80
5.1	2	95	89	92	93	91	93	93	93
5.1b	2	97	91	92	93	92	93	94	94
5.6	2	97	91	95	96	94	97	97	97
7.1	3	82	84	87	91	93	94	95	96
(m.d.)	2	65	67	65	75	72	78	77	74
7.2	3	83	83	86	91	93	93	94	96
(m.d.)	2	75	73	67	78	73	78	77	74
8.7	8	83	89	92	94	93	93	95	95
(m.d.)	7	64	79	70	73	60	59	63	57
平均明確回答率(DRR)		89.92	87.92	90.67	91.67	92.33	92.25	92.92	93.75
		±6.43	±5.07	±4.48	±4.62	±3.17	±4.31	±4.38	±3.82
(m.d.)		82.17	80.33	78.92	82.33	78.33	79.17	78.17	77.67
		±12.93	±11.40	±15.08	±13.05	±16.82	±18.81	±18.98	±20.72
回収率（CR）		83	82	75	76	76	73	74	61
情報回収率（ICR）		74.63	72.09	68.00	69.67	70.17	67.34	68.76	57.19
＝DRR×CR		±5.34	±4.16	±3.36	±3.51	±2.41	±3.15	±3.24	±2.33
(m.d.)		68.20	65.87	59.19	62.57	59.53	57.79	57.85	47.38
		±10.73	±9.35	±11.31	±9.92	±12.78	±13.73	±14.05	±12.64

　時代とともに，回収率（CR）も，情報回収率（ICR）も下がってきている．質問項目の番号は，『日本人の国民性 第5』の付録IIに記載の質問に対応する．
　m.d.は，'ふつう'等の中間回答をも明確回答とみなさない場合を示す．

4.5 国際的相互理解のための「計量的文明論」へ
―superculture 超文化の現出―

　前節までにまとめられたデータ分析の結果は，国民性に関する膨大な研究の一部にすぎない．この研究の流れのなかで積み重ねられてきた時系列・国際比較データは，世界的にも貴重な資料として認められつつある．

　この十数年ほどの間に，国内では約 40 年来の政権交代，国外では東西ドイツの統一，ソ連の崩壊，EU の統合，キリスト教とユダヤ教との 2000 年来の対立の緩和等，世界秩序の再構成が進みつつあり，より大きな，より進んだ形の社会の単位によって構成された国際社会が生まれつつある．この国際的潮流は，表面上は市場経済・自由経済の拡大に特性づけられるであろうが，一方で各所に民族紛争の勃発も続いている．グローバリゼーションが進行するなかで，確かに「文明の衝突」が生じているが，これはより高次の文明（宗教，文化，価値観），本質的な意味での超文化（superculture）の現出のなかで止揚されていくものなのであろうか．

　このような歴史の展開のなかで，世界の平和的発展のためには，国家間あるいは民族間の円滑な相互理解が重要になっている．表面上の論理のみで国際間の政治・経済的交渉が遂行されるのではないことは，現実の多様な問題から理解されよう．おのおのの民族は，長い歴史のなかで，それぞれに必要な生活習慣，倫理，宗教，人間関係，民族固有の文化を発展させてきた．この意味での文化が各国固有の政治や経済の基盤にある．このことからも，各国の文化や国民性意識を世界の各国が相互に深く理解することが，経済的・政治的に世界的な発展を促進させる鍵となっていることが了解されるであろう．

　統計数理研究所の長年にわたる社会調査データは，多くの研究者が各方面の多大な財政的援助を得て収集されてきたものである．この支援によって，他ではみられない多様な調査実験と新しい統計的手法の数々とが生まれてきたのである．われわれは，さらに将来，この延長上で「計量的文明論」の発展，確立を目指して調査研究を遂行している．これらの成果が，世界の秩序の維持と発展の一助となる情報を提供し，広く世界の人々に活用されるようになれば幸いである．

付録C　superculture モデル（GHT モデルと VA 表示）

　GHT モデルを国際比較研究に応用する際は，取り扱うデータは，典型的には，いくつかの多肢選択式の質問の各選択肢に対応するいくつかの国民の回答比率の数値から得られる．理論的には，詳細な比率の数値は不要で，各国民の代表的な回答が特定されていれば十分である．例えば，データをモデルに適合させるために，各質問において各国の最多数が選んだ回答カテゴリー（モード）をその国の代表回答とみなし，これを GHT モデルのためのデータとする．本来は，回答比率の詳細な数値が得られているわけだから，このデータの簡略化はかなりの情報損失にみえるかもしれない．しかし，一般的に，社会調査データにおける回答分布の性質を考慮すると，分布の数値をそのまま精度の高い情報を表していると考えるのは適当ではない．したがって，最多数の選択回答のみに着目するのは，信頼性，安定性の点からは最も無難であり，むしろ，そこまでそぎ落とされたデータのみからどれだけ深い考察が可能なのかという疑問が出よう．この点に関しては，GHT モデルは得られたデータにおいて各国の対ごとの回答の一致率に着目することによって，分析に有効な情報を抽出するのに成功している（Batchelder & Romney, 1988）．

　データの形から考えると，ここで問題としている分析法には「（教育・心理）テスト理論」が密接に関連している．しかし，従来のテスト理論において必ずしも簡明なモデルが成功してきたとはいいがたいのは，解答者の得点データの分布そのものだけに焦点を当てることが多かったからであろう（Guilford, 1954）．一方，GHT モデルは，上記のようにかなり単純化されたデータのなかでも，反応データ，つまり，各国の対ごとの「回答の一致率」に着目することによって，比較的簡明なモデルを適用するだけでも得る情報が多いのを示すのである．

　このモデルの適用状況は，以下の3つの公理を満たすと想定される（実際に適用するのは，「選択肢バイアスのない場合」，つまり，ア・プリオリに特定の選択肢（例 'YES'）が，全項目を通じて選ばれやすくなっているということがないとした場合の GHT モデルであるので，これを簡単に GHT モデルと呼ぶことにする．また，以下の命題の表現も，簡単にするために，国際比較データの研究の文脈に揃えている）．

付録 C　superculture モデル

公理 1．共通性　各質問項目 k において，superculture には固定された唯一つの選択回答（対象となる国々の共通性を代表する考えられる回答）Z_k が対応する（全質問数を M として，$k=1, 2, \cdots, M$）．

公理 2．局所独立性　各国の superculture に対する一致率（公理 3 のパラメター D_i）を固定したとき，各質問に対する回答は，質問項目ごとに独立である．すなわち，国の総数を N として，i 国の質問 k に対する回答の選択肢を X_{ik}（$i=1, 2, \cdots, N$；$k=1, 2, \cdots, M$）とすると

$$Pr\left[(X_{ik})_{N \times M} = (x_{ik})_{N \times M} \mid (Z_k)_{1 \times M} = (z_k)_{1 \times M}\right]$$
$$= \prod_{i=1}^{N} \prod_{k=1}^{M} Pr\left[X_{ik} = x_{ik} \mid Z_k = z_k\right]$$

公理 3．質問項目の一様性（選択肢にバイアスのない場合）　各質問項目 k における回答の選択肢の数を S_k とする．このとき，質問項目に対する各国の回答は次の式を満たす．

$$Pr[X_{ik}=s \mid Z_k=z_k] = D_i + (1-D_i)/S_k, \quad z_k=s \text{ の場合}$$
$$Pr[X_{ik}=s \mid Z_k=z_k] = (1-D_i)/S_k, \quad \text{上記以外の場合}$$

ここで，D_i は各国 i の superculture に対する一致率を表し，$0.0 < D_i < 1.0$ である．

公理 1 はモデル適用のための前提である．対象とするすべての国に共通する superculture（平均的イメージ）なるものを想定するのが妥当でない場合は，このモデルを用いるべきではない．複数の文化のグループを扱う場合については，Batchelder & Romney (1989) や Yoshino (1992 b) で述べられている．

公理 2 については，潜在構造分析や項目反応理論のなかで長い間の議論が続いてきたようである．一つの結論としては，この種のパターン分析が最終的には潜在変数間の依存関係を調べることを目的としていることを考えると，それゆえにそれらの変数を固定した場合の項目反応の独立性を仮定する必要があるということになる．つまり，この局所的独立性は，厳密にいえば非現実的であるが，この種のパターン分析に必要な仮定である（Langeheine & Rost, 1986, p. 2）．

公理 3 の意味は，テスト理論のアナロジーを用いるとわかりやすい．つまり，回答者が「正答」を答える確率は，問題の答がわかっている確率と，「正答」を当て推量で得る確率の和である．また，「正答」以外の回答をする確率

は，問題の答がわからなくてでたらめに選択肢を選ぶ確率である．ここで，選択肢にバイアスがないことを仮定している．国際比較データの場合は，superculture の代表する回答がテストの場合の「正答」に対応し，各国の superculture に対する一致率のパラメター D_i が，テストの問題の「正答」がわかっている確率に対応する．これらの公理を修正，拡張したモデルについての議論は Batchelder & Romney (1989) にみられる．

このモデルにおけるパラメター推定問題は，回答データ $\{X_{ik}\}$ からパラメター $\{D_i\}$ と $\{Z_k\}$ を推定することである．これは，各国の対ごとの回答のマッチング率（国の i と j が同じ回答をした数の全質問数に対する比）$\{M_{ij}\}$ から推定される．結果だけ述べると，A を各質問における選択肢数の逆数の平均値として，

$$M_{ij}^* = (M_{ij} - A)/(1 - A)$$

と定義すると，M_{ij}^* の期待値と D_i 等の関係から

$$D_i^2 = E(M_{ij}^*) E(M_{ik}^*) / E(M_{jk}^*)$$

となるので，右辺の $E(M_{ij}^*)$ 等を対応する観測値で置換して D_i の推定値を求めればよい．また M_{ij}^* の分散は次のようになる．

$$V(M_{ij}^*) = \frac{(1 - D_i D_j)[(A - B) + (1 - 2A + B) D_i D_j]}{(1 - A)^2 M}$$

ここで，B は各質問における選択肢数の逆数の2乗の平均値である．

上の方法は，マッチング法と呼ばれて，推定のバイアスがあまりないことが確認されている (Batchelder & Romney, 1989)．

$\{Z_k\}$ の推定も，公理3の式や Bayes の定理等を用いて，各質問において各選択肢 $s (=1, 2, \cdots, S_k)$ のうち

$$Pr[Z_k = s | (X_{ik})_{N \times M}] = \frac{Pr[(X_{ik}) | Z_k = s] Pr[Z_k = s]}{\sum_s \{Pr[(X_{ik}) | Z_k = s] Pr[Z_k = s]\}}$$

を最大にするものを Z_k の推定値として求められる．

さて，測度 $\{D_i\}$ は superculture に対する一致率を表すが，2つの国同士の関係は直接には表していないことに注意しよう．各国の対の関係を簡単に表しているのは，$\{D_i\}$ の推定にも利用したマッチング率 $\{M_{ij}\}$ である．したがって，これら2種類の測度を利用して，superculture と各国の関係，および各国間の関係を同時に表示しようとするのは，自然な発想である．そのように

付録C　supercultureモデル

表現する方法は多数ありうるだろうが，D_iを多次元ベクトルにしたりしてモデルを複雑にするのを避けて，簡単な表現法の構成を試みよう．

次のVA表示という表現法は，新しいパラメーターを導入したりしてGHTモデルを複雑化することなしに，この目的を達する一つの方法である．デカルト座標を考える．簡単のために，3次元のX-Y座標平面で考えよう．X軸の単位ベクトル$(1,0,0)$で，supercultureを固定して表示する．各国iはベクトル(X_i, Y_i, Z_i)で表す．ここで，各国のsupercultureへの一致率をベクトルの第1成分で表すために，$X_i = D_i$とする．さらに，各Y_iとZ_iを適当に選ぶことによって，2つの国iとjの回答のマッチング率M_{ij}が表されるようにする．これには，可能性としていくつかの方法が考えられるであろうが (Yoshino, 1992a)，VA表示では，M_{ij}が2つのベクトル(X_i, Y_i, Z_i)と(X_j, Y_j, Z_j)との間の角度の余弦で表される．つまり，2つの国の回答がすべての質問に対して全く一致すれば，対応するベクトルは完全に重なりあい，全く異なれば，対応するベクトルは直交する．一致の度合いが大きくなるにつれて，ベクトル間の角度は小さくなるのである．数式では，次のようになる．

$$M_{ij} = (X_i X_j + Y_i Y_j + Z_i Z_j) / \{(X_i^2 + Y_i^2 + Z_i^2)(X_j^2 + Y_j^2 + Z_j^2)\}^{1/2}$$

実際のY_i，Z_i等は，通常の最小自乗法によって，上記の式のM_{ij}と観測されたマッチング率の差の自乗の総和 (residual) が最小になるように求めるのである（Y座標は各国を表すベクトルの原点中心の回転に対する任意性があるが，筆者のコンピュータ・プログラムの出力としては，表示される国の対ごとの角度の中心の平均がX軸に重なるようにして，Yの座標を求めている．Zなど，3次元以上の座標も同様である）．

以上の手続きを，高次元へ拡張するのは，難しくないであろうが，実用上は3，4次元で十分であろう．

5
調査票の洗練
——地球的規模の国際比較調査のために

5.1 項目の履歴

　本章では，1971年以来四半世紀にわたる統計数理研究所の国際比較調査研究のなかで実際に用いられた調査票の項目を再検討し，将来，実際に国際比較調査を試みたり，われわれのつくり上げてきた比較の連鎖をグローバルに拡大する研究を展開する際の使用に耐える項目について考察し，また，それらの各国語における表現を洗練する際に考慮すべきポイントのいくつかを考えよう．

　まず，われわれの国際比較調査に用いられてきた項目の履歴について概説しよう（各項目の詳細な出所のリストは林・吉野・鈴木他，1998；統計数理研究所・研究リポート No.76 を参照）．われわれの調査の源泉は，1953（昭和28）年以来の「日本人の国民性」調査にあるが，初期の段階でそれまでの成果が和文出版（末綱・林・鈴木他，1961）された．この時点で暫定的に，英日の両語に堪能な研究者により，和文調査票の各項目の英文翻訳がなされ，その出版物に掲載された．その後，1971年以降，国際比較調査を計画，遂行するなかで，各国での代表的な意識調査，社会調査で用いられている項目が収集され，われわれの調査のために選択，追加されたのであった．

　国際比較では，各国の回答者に対して「同じ」質問文を作成するために，「翻訳・再翻訳」が必要となる．例えば，本来「日本人の国民性」で用いられていた質問については，先述の訳が英語版として用いられ，また他の欧米版の作成の際にも活用されたのであった．本書の3章で「翻訳」，「再翻訳」による表現の微妙な差異の効果についてすでに再々繰り返してきたが，日本調査票A（国際比較用）と調査票B（本来の日本語版）の調査票の比較にみられるよ

5.1 項目の履歴

うに，10～15％程度の回答差は，表現に本質的な差があるとは思えないような場合でも生じうるものなのである．しかし，だからといって国際比較データは言語の違いの問題のため信頼できないというわけではない．単一の項目の分析比較は上記のようではあるが，例えば，全項目（あるいは，全項目より部分的に選択した項目群）に対して数量化第III類を適用すると図3.5のように，明瞭なパターンが得られる．特に注目すべきは，日本A，B調査はこの全体のパターンのなかでほとんど同一視される位置にあるということである．すなわち，単一項目の分布比較では曖昧でも，項目群を適切に分析することによって，比較分析で意味のあるパターンが浮かび上がってくるということである．

「翻訳」の問題が国際比較調査（データ分析）において格別に重要であることを認識している今日のわれわれの目からみると，1961年の時点の訳はあくまでも「暫定的」であるべきであった．これは強調し過ぎることはできないほど，重大な注意すべき点であった．しかし，調査研究の知名度の高さは，同時に世の中に誤解を拡散させるリスクもある程度は避けられないものなのであろうか．決して「標準化」されていない英文表現により誤解を招きかねない，あるいは実際に誤解である「日本人の国民性」のデータ解析結果が，一部にせよ，海外の研究者の間にみられることもあった（鈴木達三 私信，1992）．

この10年ほど，われわれの国際比較研究のなかで，中心的に利用してきた各国語の質問文も，今日，一つ一つ丹念に各項目の各国語の文章（統計数理研究所・研究リポート No.72，78，80）を比べると，単純な文法的誤りのみならず，より本質的な「意味論」的問題も少なくない．後者はあまりにも大問題を含んでいて容易に解決できない（そもそも「同一」の翻訳文などできえない場合もあり，そして，むしろそのような事実に社会集団の重要な差が浮かんでくるのであろう）．本章では，考慮すれば比較的容易に解決することのできる問題について取り扱い，国際比較の実践を意図している読者のため，また，近い将来にわれわれの研究をグローバルな調査へと発展させる際の検討に資するための情報の整理に努めよう．

まず，1章や4章でも述べたように，他の補助情報がない限り単一の質問に対する各国の回答分布の比較だけからは，計量的に意味があり，信頼性のある分析はむずかしいということに注意する．したがって，計量的に有意義で信頼性の高い比較研究をするためには，①時系列データを利用する，②すでに長

年の実績のある国際比較データの知見を活用する，③1つの項目ではなく，あるテーマに関する項目群によって尺度構成する，等が考えられる．①については，『日本人の国民性』（水野・林・吉野他，1992）にみられるような分析やデータの取り扱いが可能であろう．②については，ISSP（International Social Survey Program，世界の約30か国参加）やEurobarometer（EU委員会，欧州の十数か国参加）のような世界的に著名な調査が参考となる（これらの調査の概要は，今ではインターネットを利用してみることができる）．ただし，それでも翻訳の問題などは常につきまとっていることに注意すべきである．しかし，Eurobarometerのように，今日急速に進んでいる欧州統一の流れのなかで各国民の意見を把握すべき緊急性を考慮すると，翻訳等の問題を伴いながらも，重要な情報収集の手段として国際比較社会調査が活用されているのである．次節では，③について具体的に例示しよう．

5.2 項目群による尺度構成

この節では，ある特定のトピックに関連する質問項目群を用い，その回答結果に統計的（1次元）尺度を構成したり，多次元尺度法（数量化Ⅲ類など）を適用したりする際に用いられてきた項目群を例示しよう．以下，本章では質問項目は「米語版」からのものを表示するが，対応する「日本語版」と「英語版」については，巻末の資料を参照していただきたい．

5.2.1 伝統・近代の尺度

まず，約半世紀にわたる「日本人の国民性」調査でデータを考察するための手掛かりとなる主要な次元の一つとして浮かび上がってきたのは，「伝統対近代」の次元に関連する諸側面であることが指摘されている（Hayashi, Suzuki & Sasaki, 1992, Ch.8）．この次元をとらえる尺度に用いられてきた項目は以下のとおりである．

Q 12　If you have no children, do you think it necessary to adopt a child in order to continue the family line, even if there is no blood relationship? Or do you not think this is important?

　（a）Desirable to adopt（○）
　（b）Not necessary to adopt（×）
　（c）Depends on circumstances（△）

Q 33　In bringing up children of primary school age, some people think that one should teach them that money is the most important thing. Do you agree with this or not？
　（a）Agree（○）
　（b）Disagree（×）

Q 34　Some people say that if we get good political leaders, the best way to improve the country is for the people to leave everything to them, rather than for the people to discuss things among themselves. Do you agree with this, or disagree？
　（a）Agree（○）
　（b）Disagree（×）

Q 35　If you think a thing is right, do you think you should go ahead and do it even if it is contrary to usual custom, or do you think you are less apt to make a mistake if you follow custom？
　（a）Go ahead（×）
　（b）Follow custom（○）
　（c）Depends on circumstances（△）

Q 43　(Card shown) Here are three opinions about man and nature. Which one of these do you think is closest to the truth？
　（a）In order to be happy, man must follow nature（○）
　（b）In order to be happy, man must make use of nature（△）
　（c）In order to be happy, man must conquer nature（×）

Q 44　(Card shown) Which one of the following opinions do you agree with？
　（a）If individuals are made happy, then and only then will Japan as whole improve（×）
　（b）If Japan as a whole improves, then and only then can individuals be made happy（○）
　（c）Improving Japan and making individuals happy are the same thing（△）

以上の項目は，数量化Ⅲ類でパターン分析（Hayashi, Suzuki & Sasaki, 1992, p. 262）や，1次元の得点分布をみること等に利用されてきた．上記○，×，△の記号は伝統的，近代的，中間の区別を示している．例えば，上記6項目で○の回答数（最大6）を各回答者の伝統尺度得点とするのである．

「日本人の国民性」調査データについては，さらに，個々の項目として，

性・年齢・教育レベルを問わず大多数（2/3以上）の日本人が長年，安定して支持してきた傾向として，以下のようなことが指摘されている．

① 雇用における公平さ（Q 48）
② 西欧的庭園に対して日本的庭園を好むこと（#9.3）
③ 家族的雰囲気を保つ職場を好むこと（Q 50, #5.6 b）
④ 信心をもつ人は，全体の1/3程度であるが，もたない人のなかでも「宗教心を大切」と思う人が多いこと（Q 62 a-2 & Q 63-1）

> 注：ここで，質問番号 Q 41 等は，『国民性七か国比較』（統計数理研究所・研究リポート No. 76, 77；林・吉野・鈴木他，1998，の巻末参照）の日本調査票 A, B のなかの項目の番号であり，#5.6 などは『日本人の国民性』（水野・林・吉野他，1992；統計数理研究所・研究リポート No. 75）のなかの項目の番号である．例えば，Q 61 a-2 とは問 62 a でカテゴリー 2 の選択を意味する（上記の①〜④に関係する質問文は，本章の以下に現れる）．

5.2.2 人間関係の尺度（「義理・人情尺度」）

次に，われわれの約30年にわたる「意識の国際比較」研究の中で確立してきた尺度としては，「人間関係（義理・人情）に関する尺度」と「宗教観についての尺度」の2つがあげられる．これらの尺度は，「日本人の国民性の継続調査」および「意識の国際比較調査」の両方で日本人の国民性として安定して長年，観測されてきた側面と関連している．

｛Q 40-2, Q 41-1 & Q 42-2, Q 45- a & b, Q 48-1 & Q 49-2, Q 50-2｝の各項目の該当カテゴリーを選択した人に対して，おのおの，1点ずつを与え合計点（最大5点）を，その人の義理人情スケールの得点とする．ここで，Q 40-2 は「問40のカテゴリー2」，Q 41-1 & Q 42-2 は「問41でカテゴリー1」かつ「問42でカテゴリー2」の選択などを意味する．

各項目は以下のとおりである．

Q 40 Suppose that a child comes home and says that he has heard a rumor that his teacher had done something to get himself into trouble, and suppose that the parent knows this to be true. Do you think it is better for the parent to tell the child the truth, or to deny it?

1. Tell the truth
2. Deny it

3. Other (PLEASE SPECIFY)
4. Don't know

Q 41 (HARD CARD 41) Imagine this situation. Mr. A was orphaned at an early age and was brought up by Mr. B, a kind neighbor. Mr. B gave him a good education, sent him to a university, and now Mr. A has become the president of a company. One day he gets a telegram saying that Mr. B who brought him up, is seriously ill and asking if he would come at once. This telegram arrives as he is leaving to attend an important meeting which will decide whether his firm is to go bankrupt or to survive. Which of the following do you think he should do? Just call off the letter, please.

1. Leave everything and go back home
2. However worried he might be about Mr. B, he should go to the meeting
3. Other (PLEASE SPECIFY)
0. Don't know

Q 42 (HARD CARD 42) The last question supposed that Mr. B had taken him in as an orphan in his youth and brought him up. Suppose that it was his real father who was seriously ill. Which would have been your answer then?

1. Leave everything and go back home
2. However worried he might be about Mr. B, he should go to the meeting
3. Other (PLEASE SPECIFY)
0. Don't know

Q 45 (HARD CARD 45) If you were asked to choose the two most important items listed on this card, which two would you choose? Just call off the letters.

1. Respect for parents
2. Repaying people who have helped you in the past
3. Respect for the right of the individual
4. Respect for the freedom of the individual
5. Other answers (PLEASE SPECIFY)

Q 48 (HARD CARD 48) Suppose that you are the president of a company. The company decides to employ one person, and then carries out an employment examination. The supervisor in charge reports to you saying, "Your relative who took the examination got the second highest grade. But I believe that either your relative or the candidate who got the highest grade would be satisfactory. What shall we do?" In such a case, which person would you employ?

1. One with the highest grade
2. Your relative
3. Others (PLEASE SPECIFY)
0. Don't know

Q 49 (HARD CARD 49) In the last question we supposed that the one getting the second highest grade was your relative. Suppose that one who got the second highest grade was the son of parents to whom you felt indebted. Which person would you employ?

1. One with the highest grade
2. Son of your benefactor
3. Others (PLEASE SPECIFY)
0. Don't know

Q 50 (HARD CARD 50) Suppose you are working in a firm. Which of the following department chiefs would you prefer to work under? Just call off the letter.

1. A man who always sticks to the work rules and never demands any unreasonable work, but who, on the other hand, never does anything for you personally in matters not connected with work
2. A man who sometimes demands extra work in spite of rules against it, but who, on the other hand, looks after you personally in matters not connected with work
3. Other (PLEASE SPECIFY)
0. Don't know

前述のように，各項目の各カテゴリーに0，1（または2）などの得点を割り当てる．各回答者の総合得点は，例えば，特定の問のカテゴリー'1'を選択したら1点，他のカテゴリーは0点，別の問のカテゴリー'2'を選択したら1点，…という具合に得点を与えた合計で計算する（実際には，上記の単純な「リッカート尺度」は尺度理論上，問題があるのだが，後に数量化Ⅲ類の適用結果で各項目の各カテゴリーの因子負荷量を考慮し，正当化できることを確認したのであった）．

ただし，義理人情の尺度について，日本においては「尺度」として有効であったのだが，国際比較では必ずしも各国の差を明確に示すのには有効でないようであり，次のように義理人情の「得点」として利用することになった．すな

5.2 項目群による尺度構成

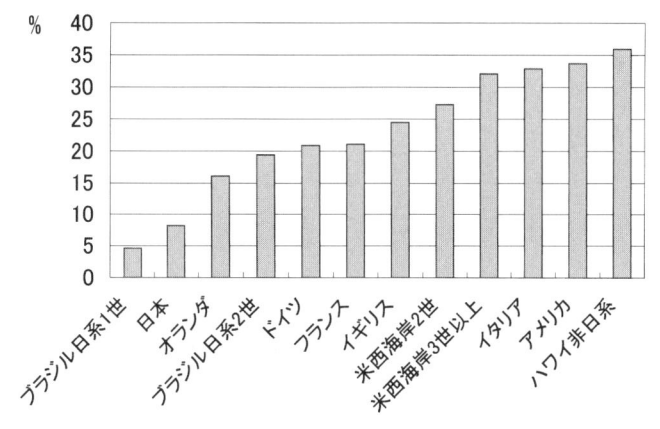

図 5.1 義理人情尺度無得点者の比率

わち，各国ごとに義理人情尺度において「0 点」となった回答者の比率を比較すると図 5.1 のようになった．ここで，その比率が低いほど義理人情の度合いが高いことに注意する．

また，義理人情尺度に用いた項目に関連して，{Q 40-2, Q 41-1, Q 42-1, Q 48-2, Q 49-2, Q 45 d, Q 45 b, Q 50-2} を用いた場合を，「人情尺度」と称して利用することもある．

5.2.3 宗教的態度の尺度

この場合は，Q 62 a-2 と Q 63-1 の両方を選択した人の割合を全体のなかで考えるのである．すなわち，各国において，自分自身は信心をしていないが，「宗教的な心を大切と思う」人の比率を比較するのである（図 5.2）．これらは次の 2 つの項目の反応を結合した尺度によって測定される．

Q 62 a　I would now like to ask you a few questions about religion. Do you have any personal religious faith ?

1. Yes
2. No
0. Don't know

Q 63　Without reference to any of the established religions, do you think a religious attitude is important, or not important ?

1. Important
2. Not important

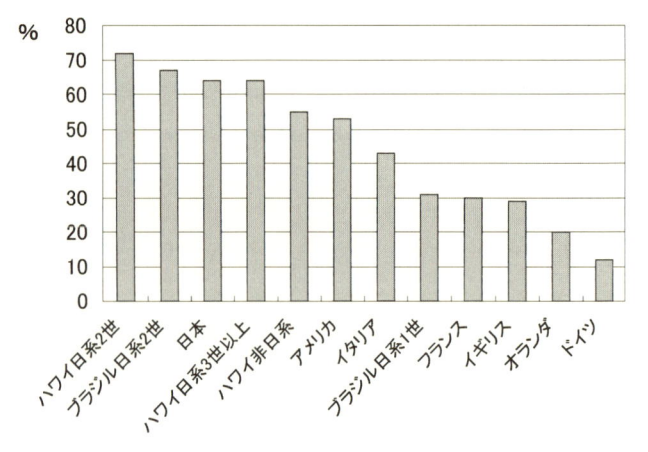

図 5.2 信心していないが「宗教的な心を大切と思う」人の比率

3．Other (PLEASE SPECIFY)
0．Don't know

5.2.4 中間回答傾向の尺度

国際比較研究のなかで，日本人は，一般に，各質問に対して Yes/No を明確にしたり，「たいへん～である」というような程度の極端な回答は避け，「どちらともいえない」「ふつう」などの中間的回答をする率が高いことがわかっている．質問に対して Yes/No をどの程度明確に示すかという一般的傾向を測る尺度として {Q 12-3, Q 32-3, Q 33-3, Q 34-3, Q 35-3, Q 36-3, Q 67 a-2, Q 67 b-2, Q 67 c-2, Q 67 d-2} の中間カテゴリーの選択に各1点を対応させ，その合計点（最大10点）を「中間回答傾向」の尺度と称して，利用している．これらの質問文は，巻末の資料の調査票を参照していただきたい．

5.3　各項目洗練のためのポイント

7か国の比較などに用いられた項目には，現在，詳細に再検討すると文章表現を洗練する必要があるものも含まれる．これらについては，過去に長年使用されてきた項目を特定の国際比較調査に用いようとするなかで，個々の研究者が気づいた場合，現地の調査代理機関が指摘した場合などがある．調査遂行の時点では，「比較可能性」という原則（1章）に沿って，たとえ上手ではない表現であっても過去の調査結果との比較可能性を保持するために，そのままの

5.3 各項目洗練のためのポイント

表現を用いて調査を遂行せざるをえなかったのである．

このような問題について，将来の比較調査のために，項目の洗練のためのポイントを以下に記そう（元の質問文は資料を参照していただきたい）．

① ふつうわれわれは，ある特定のトピックに関する調査項目を収集し，翻訳する．しかし，最終的に「調査票」にする際に，関連事項は必ずしもひとまとまりにせずに，調査票全体に散らばらせることがある．このため，連続して質問すれば誤解のない文章も，散らばらせたために，誤解を生むこともある．

例：「子ども」(Q 33, Q 40)

Q 33 では，文中の子ども school child は明確に小学生くらいの児童を指し，Q 40 でも child はその年代の子どもを意図していて，日本語の文章としては間違いは少ないかもしれない．しかし，欧文の（あるいは欧米での）質問の場合，Q 40 に対して，年配の回答者がすでに成人している自分の子どもを想定する場合も出てくることがあった．

② 日本では自然な質問でも，他国では翻訳の語学的問題はなくとも，意味として不明なもの．

例：「先祖を尊ぶか」(Q 11)

これについては，欧米では，意図が不明であると指摘された．

③ 国によって同じ語から連想する範囲が異なることもある．

例：「権威」（国や人によって，政府，警察，当局など）「先祖」（英国などでは，亡くなった「肉親」ではなく，ニュートンなどの歴史上の人物，Q 11）

④ 社会システムの違いから質問文のなかの異なる部分に反応して回答する．

例：「養子」(Q 12)

例えば，米国では家系を継がせるためという発想はほとんどないが，積極的に養子をとるという社会的雰囲気がある．このためか，7か国比較のなかで，「養子をとる」という回答は日本が最も低くなっている．

以上の他にも，3章で述べたように，各国独特のニュアンスをもった言葉，例えば，日本語の「しきたり」(Q 47)，「親孝行」(Q 45)，「恩人」(Q 45) などは翻訳の限界があろう．これらの言葉の翻訳は説明調の長文になりがちである．

⑤ Q 14 は「健康状態」を尋ねる項目で，表面上は「国民性」に直接関係ないように思われるかもしれない．しかし，データ分析により，比較している 7

か国すべて先進国であり，ストレスの多い社会であるが，健康状態についての不満は，欧米の女性に多く，日本は最も少なく，男女差も最小であることが判明した（林・吉野・鈴木他，1998，第Ⅰ部6章）．このように，**表面上は「国民性」には直接関係ないように見える項目も，分析の仕方によって，関係のある側面が浮かび上がってくる**ことに注意が必要である．

⑥ Q37の「家族」は，英・米はhome，仏はfamille（英語のfamily），独はzuhaus（わが家，故郷），オランダはthuis（家，故郷，くつろげる場所，英語のhome），イタリアはcasa（家，家族，商社）を用いている．あえて分類すると，日・仏・伊はfamily，英・米・独・オランダはhomeを用いている．これらの差自体が，各国の差を示しているといえないであろうか．

⑦ Q41「恩人のキトク」とQ42「親のキトク」はペアの質問でかなり長文である．そのため，文中の代名詞heなどが誰を指すか，回答者を混乱させる可能性があるので，適切な修正が必要であろう．

⑧ Q54の「地域社会」をcommunityと訳しているが，これは日本のカタカナ英語の「コミュニティ」と少し違って，地理的には集合していないが，何らかの利害・宗教・文化などを共有する集団，共同社会を指す場合もある言葉なので，注意を要する．

⑨ Q56の「understandable but inevitable」は，文章全体の意味からは「undesirable but inevitable」のワープロのミスかと思われる．このようなミスでも，一度用いられると「比較可能性」のためその後の調査でもそのまま用いざるをえなかったのである．

⑩ Q64の質問文全体の意味を考えると，代名詞と単複数の対応が文法的に適当ではない．

　　Some people say that although there are many religions in the world, each one of them with its own beliefs, its teachings really amount to the same thing.

と修正することが，現地研究者（米国）から提案されている．

その他，Q27「生活領域の重要性」は単純な文法的誤りがあり，each of the following「are」は「is」にすべきことなど注意が必要である（ただし，実際の面接における口答のコミュニケーションでは，口語表現が厳密に文法的であることを要求するのは，場合によっては不自然となる．誤解を避ける表現を用いているということが，一番肝要な条件である）．

⑪ フェイス・シートに含まれる項目のうち，「収入」「所有物」「学歴」についての詳細な質問は，最近ではプライバシーの保護のためにしにくくなっている．たとえ，尋ねることが可能でも，回答カテゴリーの粗いものとなろう．

以上は，比較的に，質問文の表面上の検討で済む事柄であった．最後に，本書では深く入り込めなかったが，集団の文化やシステムの差違をも考慮した「質問文の同一性」について，少し触れておこう．

Guttman (1972) は，国際比較も含めた各調査データの比較可能性について「質問項目のサンプリング」という概念を提案している．つまり，各調査を通じて，似ている質問文だが多少，表現の違いのある項目に対する回答データを時系列や異集団比較に用いる視点として，あるテーマやトピックについての質問文（項目）の母集団を想定し，各調査ではその母集団から抽出した項目（文章）を用いているので，その意味での標本誤差はあるが，データを比較に用いることは正当化されると主張するのである．この視点は，われわれのCLAの立場で述べると，図 1.1 では「国や集団」の比較の連鎖を示したが，これは国や集団に対応する調査項目の母集団（多様で多元的な側面を測定する項目全体）の連鎖を考えることである（林・吉野・鈴木他，1998, p. 21）．この考えの一端は Yoshino ＆ Khor (1995) の相補的尺度構成において local-globalness と尺度の精粗の相補性にも現れているが，今後も研究を展開していく余地があろう．

なお本章で扱った項目の各言語による調査票は巻末の資料および統計数理研究所・研究リポート No. 72, 74, 76～82 を参照，また各項目の本来の出典の詳細は，同書 No. 76，77 や『国民性七か国比較』（林・吉野・鈴木他，1998, pp. 423-445）を参照していただきたい．

参考文献

論文・単行本

Batchelder, W. H. & Romney, K. (1988). Test theory without an answer key. *Psychometrika*, **53**, 71-92.
Batchelder, W. H. & Romney, K. (1989). New results in test theory without an answer key. In *Mathematical Psychology in Progress*. Roskam, E. E. (Ed), pp. 229-248. Springer-Verlag.
Campbell, A., Converse, P. E. & Rodgers, W. L. (1976). *The quality of American life*. Russell Sage Foundation.
Commission of the European Community (1988). Eurobarometer. Commission of the European Community.
Eysenck, H. & Wilson, G. (1975). *Know your own personality*. Temple Smith.
Falmagne, J. F. (1985). *Elements of psychophysical theory*. Oxford University Press.
Guilford, J. P. (1954). *Psychometric methods* (2nd ed.). McGraw-Hill.
Guttman, L. (1972). The concept of a common range: four applications and four fallacies (unpublished paper), pp. 1-5. In *On Theory and methodology : selected writings*. Levy, S. (Ed.), pp. 37-41. Dartmouth Publishing.
Hayashi, C. (1992). Quantitative social research—belief systems, the way of thinking and sentiments of five nations—. *Behaviormetrika*, **19**, 127-170.
林知己夫 (1993 a). 数量化 ―理論と方法―. 朝倉書店.
林知己夫 (1993 b). 行動計量学序説. 朝倉書店.
林知己夫 (1994 a). 日本人の国民性:変わらぬ点,変わる点. *RESTRELA*, **11**, 28-32.
林知己夫 (1994 b). 日本人の国民性:変わらぬ点,変わる点. *RESTRELA*, **12**, 28-31.
林知己夫 (1995). 国民性からみた日本の将来. 日本教育, No. 221.
林知己夫, 鈴木達三 (1986, 1997 増補). 社会調査と数量化 ―国際比較におけるデータ解析―. 岩波書店.
林知己夫, 林　文 (1995). 国民性の国際比較. 統計数理, **43**(1), 27-80.
Hayashi, C., Suzuki, T. & Sasaki, M. (1992). *Data analysis for comparative social research : International perspectives*. North-Holland.
Hayashi, C. & Scheuch, E. K. (Ed.) (1996). *Quantitative social research in Germany and Japan*. Leske+Budrich.
林知己夫, 吉野諒三, 鈴木達三他 (統計数理研究所国民性国際調査委員会編) (1998). 国民性七か国比較. 出光書店.
Inglehart, R. (1977). *The silent revolution : changing values and political styles among western publics*. Princeton University Press.

Inkeles, A. (1996). *National Character*. Transaction Publishers.
1980年国際価値会議事務局編 (1980). 13カ国価値観調査データ・ブック. 日本アイ・ビー・エム.
Kuroda, Y., Hayashi, C. & Suzuki, T. (1986). The role of language in cross-national surveys : American and Japanese respondents. *Applied Stochastic Method and Data Analysis*, **2**, 43-59.
Kuroda, Y. & Suzuki, T. (1989 a). A comparative attitudinal analysis of rationality : Arabs, American and Japanese students. *The proceedings of international conference on urbanism in Islam (ICUIT)*, **3**, 65-95. The middle eastern culture center.
Kuroda, Y. & Suzuki, T. (1989 b). Language and attitude : a study in Arabic, English, and Japanese on the role of language in cross-cultural thinking. In *Thinking across cultures : the third international conference on thinking*. Topping, D. M., Crowell, D. C. & Kobayashi, V. N. (Eds.), pp. 147-161. Lawrence Erlbaum Associates.
Langeheine, R. & Rost, J. (Eds.) (1988). *Latent trait and latent class models*. Plenum Press.
Lebart, L. (1986). *Sept ans de perceptions : evolution et structure des opinions en France de 1978 a 1984*. CREDOC.
Lebart, L., Salem, A. & Berry, L. (1998). *Exploring Textual Data*. Kluwer Academic Publishers.
McEliece, R. J. (1982). *The theory of information and coding*. Addison Wesley.
水野欽司, 林知己夫, 吉野諒三他 (統計数理研究所国民性調査委員会編) (1992). 日本人の国民性 第5―戦後昭和期総集編―. 出光書店.
内閣総理大臣官房広報室 (1987). 科学技術と社会に関する世論調査.
Narens, L. (1985). *Abstract measurement theory*. MIT Press.
NORC-ROPER. (1984). General social surveys 1972-1984 : cumulative codebook. National Opinion Research Center. University of Chicago (Data distributed by The Roper Center for Public Opinion Research, University of Conneticut).
Politz, A. & Simmons, W. (1949). An attempt to get the 'not at homes' into the sample without call backs. *Journal of American Statistical Association*, **44**, 9-31.
末綱恕一, 林知己夫, 鈴木達三他 (統計数理研究所国民性調査委員会編) (1961). 日本人の国民性. 至誠堂.
杉山明子, 小寺敏雄 (1994). 社会調査におけるサンプリング. 理論と方法, **9**, 79-91.
Suzuki, T. (1989). Cultural link analysis : its application to social attitudes ; a study among five nations. *Bulletin of the International Statistical Institutes, Proceedings of the 47th Session, Paris*, 343-379.
鈴木達三, 高橋宏一 (1998). 標本調査法. 朝倉書店.
余暇開発センター (1985).「日米欧価値観調査」7カ国データ・ブック. 余暇開発センター.
吉野諒三 (1989). 公理的測定論の歴史と展望. 心理学評論, **132**(2), 119-135.
吉野諒三 (1990).「Batchelder & Romneyの正答のないテスト理論」のアンケート調査法への応用. 統計数理, **37**(2), 171-188.
Yoshino, R. (1991). A note on cognitive maps : an optimal representation of spatial knowledge. *Journal of Mathematical Psychology*, **35**(3), 371-393.

吉野諒三 (1992). 社会調査データの国際比較の枠組みのための"superculture". 統計数理, **40**, 1-16.
Yoshino, R. (1992 a). Superculture as a frame of reference for cross-national comparisons of national characters. *Behaviormetrika*, **19**(1), 23-41.
Yoshino, R. (1992 b). The BIGHT model and its application to the analysis of free-answer responses in social survey. *Behaviormetrika*, **19**(2), 83-96.
吉野諒三 (1994). 国民性意識の国際比較調査研究 ―統計数理研究所による社会調査研究の時間・空間的拡大―. 統計数理, **42**, 259-276.
吉野諒三 (1997). 世論調査機関紹介 ―文部省統計数理研究所―. 日本世論調査協会報, 第79号.
Yoshino, R. (1997). A social quantum theory for the analysis of public opinion survey data. *ISM Research Memorandum*, **636**.
Yoshino, R. (1998). A social quantum theory for the analysis of public opinion survey data. *Behaviormetrika*, **25**(2), 111-132.
吉野諒三 (2001). 国際比較調査法の開発という側面からの統計科学. 日本統計, **30**(3), 283-289.
吉野諒三, 林知己夫, 鈴木達三 (1995). 国民性の国際比較のための質問文の作成 ―翻訳プロセスを中心として―. 行動計量学, **22**(1), 62-79.
Yoshino, R. & Khor, D. (1995). Complementary scaling for cross-national analyses of national character. *Behaviormetrika*, **22**(2), 155-184.
ZA (ZentralArchiv für Empirische Sozialforschung) (1980, 1984, 1986). Codebuch mit Methodenbericht und Vergleichsdaten (ZA-Nr. 1000 ALLBUS 1980, ZA-Nr. 1160 ALLBUS 1982. data codebook). Universität zu Köln.

研究報告書

黒田安昌 (1989). 母国語の拘束と国際相互理解 ―アラブ大学生の現地調査―. トヨタ財団1989年度研究助成研究報告書.
原 純輔 (1992). 非定型データの処理・分析法に関する基礎的研究. 平成3年度文部省科学研究費補助金(総合研究A)研究報告書.
林知己夫, 三宅一郎, 鈴木達三, 佐々木正道, 林 文 (1991). 意識の国際比較方法論の研究―新しい統計的社会調査法の確立とその展開―. 平成2年度科学研究費補助金, 特別推進研究(1) (No. 61060002) 研究成果報告書. 第1〜20分冊.
吉野諒三, 鈴木達三, 林知己夫, 三宅一郎, 佐々木正道, 村上征勝, 林 文 (1995). 意識の国際比較における連鎖的調査分析方法の実用化に関する研究―総合報告書―. 平成4・5・6年度科学研究費補助金, 試験研究A (No. 04509001) 研究成果報告書. 第1〜6分冊.

統計数理研究所・研究リポート

No. 28. 東京定期調査の結果 ―1971年春まで―
No. 54. 社会調査による国際比較方法の研究
No. 59. 社会的態度基底構造についての国際比較方法の標準化に関する研究
No. 63. 比較文化研究における連鎖的調査手法の確立とその展開 (1983年ハワイ・ホノルル

市民調査)
No. 70. 意識の国際比較方法論の研究:連鎖的比較方法の確立とその展開(1988年ハワイ・ホノルル市民調査)
No. 71. 意識の国際比較方法論の研究:新しい統計的社会調査法の確立とその展開
No. 72. 意識の国際比較方法論の研究:5カ国調査共通ファイルコードブック
No. 73. 意識の国際比較方法論の研究:5カ国調査性別,年齢別集計
No. 74. ブラジル日系人意識調査(1991-1992)
No. 75. 国民性の研究 第9回全国調査(1993年全国調査)
No. 76. 意識の国際比較における連鎖的調査分析方法の実用に関する研究:総合報告書
No. 77. 意識の国際比較における連鎖的調査分析方法の実用に関する研究:国民性の国際比較の為のマニュアル
No. 78. 意識の国際比較における連鎖的調査分析方法の実用に関する研究:イタリア調査の回答コードブック
No. 79. 意識の国際比較における連鎖的調査分析方法の実用に関する研究:イタリア調査の自由回答データ
No. 80. 意識の国際比較における連鎖的調査分析方法の実用に関する研究:オランダ調査の回答コードブック
No. 81. 意識の国際比較における連鎖的調査分析方法の実用に関する研究:オランダ調査の自由回答データ
No. 82. 意識の国際比較における連鎖的調査分析方法の実用に関する研究:イタリア・オランダ調査の共通ファイルコードブック
No. 83. 国民性の研究 第10回全国調査(1998年全国調査)
No. 84. 国民性に関する意識調査データに基づく文化の伝幡変容のダイナミズムの統計科学的解析

注:昭和28年以来の「日本人の国民性」継続調査研究については,至誠堂(第1~3巻)と出光書店(第4,5巻)より,『日本人の国民性』として出版されている.それらの本には,関連する参考文献表も掲載されている.
　その他,『統計数理』第43巻第1号には,「日本人の国民性調査」に関する論文が特集されている.

資　　　料

○ 資料 A　1988 年日本調査〔調査票 B〕
　　　注：調査票の右端の数字①，②，…等は，コンピュータへの入力の際にカード・イメージで各項目の回答をどのカラムに入力すべきかを示している．カード 3 枚で回答者 1 人分のデータであり，①，②，…は 1 枚目，(1)，(2)，…は 2 枚目，〈1〉，〈2〉，…は 3 枚目のカラムに相当する．
○ 資料 B　1988 年日本調査〔調査票 A〕（一部抜粋）
○ 資料 C　1987 年イギリス調査〔英語調査票〕（一部抜粋）
○ 資料 D　1993 年オランダ調査〔調査代理店との契約書〕
○ 資料 E　1993 年オランダ調査〔調査代理店に提示した仕様書〕

資料A 1988年日本調査〔調査票B〕
本来の日本語らしい質問文

〔対象番号が3の倍数（03、06、09、12、15）の人に〕

生活と文化に関する世論調査

〔調 査 票 B〕

(№1893)

昭和63年10月
○○○○センター

(国)	(地点№)	(対象№)	調査日時	調査員氏名	点検者名
5			日　　時		
①	② ③ ④ ⑤	⑥ ⑦			

○○○○センターから世論調査に伺いました。
突然で恐れ入りますが、よろしくご協力下さいますようお願いいたします。

〔性・年齢〕〔訪問する前に記入しておきサンプルを確認する〕

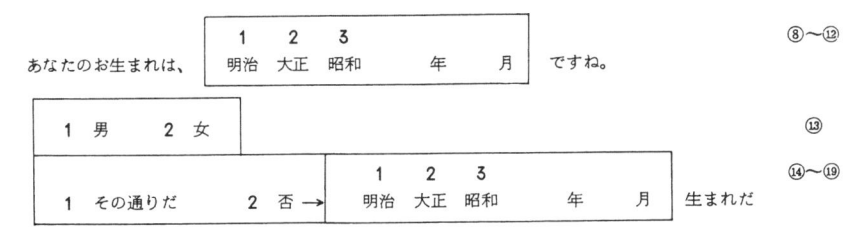

あなたのお生まれは、｜ 1　　2　　3　　　　　　｜ですね。　　⑧〜⑫
　　　　　　　　　｜ 明治　大正　昭和　　年　月｜

｜ 1　男　　2　女 ｜　　　　　　　　　　　　　　　　　　　　　⑬

｜ 1　その通りだ　　2　否 → ｜ 1　　2　　3　　　　　　｜生まれだ　⑭〜⑲
　　　　　　　　　　　　　　｜ 明治　大正　昭和　　年　月｜

〔該当する生年の上の数字を○でかこむ〕

1	2	3	4	5	⑳
昭和38年 以　降	昭和33年 〜 昭和37年	昭和28年 〜 昭和32年	昭和23年 〜 昭和27年	昭和18年 〜 昭和22年	
6	7	8	9	10	
昭和13年 〜 昭和17年	昭和 8年 〜 昭和12年	昭和 3年 〜 昭和 7年	大正12年 〜 昭和 2年	大正11年 〜 （明治も含む）	

問1*〔カード1〕 日本人全体の生活水準は、この10年間でどう変わったと思いますか。

㉑
1 よくなった　　　　　　　5 わるくなった
2 ややよくなった　　　　　6 その他（記入　　　　　　　　　）
3 変わらない　　　　　　　7 わからない
4 ややわるくなった

問2*〔カード1〕 あなたの生活水準は、この10年間でどう変わりましたか。

㉒
1 よくなった　　　　　　　5 わるくなった
2 ややよくなった　　　　　6 その他（記入　　　　　　　　　）
3 変わらない　　　　　　　7 わからない
4 ややわるくなった

問3*〔カード2〕 これから先の5年間に、あなたの生活状態はよくなると思いますか、それとも悪くなると思いますか。

㉓
1 よくなるだろう　　　　　5 わるくなるだろう
2 ややよくなるだろう　　　6 その他（記入　　　　　　　　　）
3 変わらないだろう　　　　7 わからない
4 ややわるくなるだろう

問4 これから先、ひとびとは幸福になると思いますか、不幸になると思いますか。

㉔
1	2	3	4	5
幸福に	不幸に	変わらない	その他（記入　　　　　）	わからない

問5 これから先、心のやすらかさは、ますと思いますか、へると思いますか。

㉕
1	2	3	4	5
ます	へる	変わらない	その他（記入　　　　　）	わからない

問6 では、人間の自由は、ふえると思いますか、へると思いますか。

㉖
1	2	3	4	5
ふえる	へる	変わらない	その他（記入　　　　　）	わからない

問7 これから先、人間の健康の面はよくなってゆくと思いますか、わるくなると思いますか。

㉗
1	2	3	4	5
よくなる	わるくなる	変わらない	その他（記入　　　　　）	わからない

問8 〔カード3〕 わが国の向こう10年から15年間の国家目標をどう設定したらよいかについて、最近盛んに議論されています。ここにいろいろな人が最も重視する目標がいくつかあげてあります。あなたはこれらの中で何が最も重要だと思いますか。（○は1つ）

㉘
1 国家の秩序を維持すること
2 重要な政策を決める時、人々にもっと発言させること
3 物価の上昇をくいとめること
4 言論の自由を守ること
5 その他（記入　　　　　　　　　　　　　　　　　　　）
6 わからない

資料A　1988年日本調査〔調査票B〕

問9 〔カード4〕 ときどき、自分自身のことや家族のことで不安になることがあると思います。
あなたは、次のような危険について不安を感じることがありますか。

	非常に感じる	か な り感じる	少し感じはする	全くじな感い	その他	わからない	
a. まず、「重い病気」の不安はどの程度でしょうか。……	1	2	3	4	5	6	㉙
b. では、「交通事故」についてはどうでしょうか。……	1	2	3	4	5	6	㉚
c. では、「失業」についてはどうでしょうか。………	1	2	3	4	5	6	㉛
d. では、「戦争」についてはどうでしょうか。………	1	2	3	4	5	6	㉜
e. では、「原子力施設の事故」についてはどうでしょうか。…	1	2	3	4	5	6	㉝

問10
a. 家計のやりくりをしなければならないことがありますか。

　　1　　　　　2　　　　　3　　　　　　　　　　　　4　　　　㉞
　ある　　　ない　　　その他（記入　　　　　　　）　わからない
　　↓　　　　　　　　↳（問11へ）

b. 〔カード5〕 特にどこを節約しますか。下記のうちからいくつでも上げて下さい。

		あり	なし	
a.	医　　　療 ………	1	0	㉟
b.	車の費用 ………	1	0	㊱
c.	家庭用品 ………	1	0	㊲
d.	食料品 ………	1	0	㊳
e.	美　　　容 ………	1	0	㊴
f.	レジャー・休暇 ………	1	0	㊵
g.	衣　料　費 ………	1	0	㊶
h.	住　居　費 ………	1	0	㊷
i.	子供の養育費 ………	1	0	㊸
j.	タバコ・酒 ………	1	0	㊹
	8. その他			
	9. わからない			㊺

問11* あなたはどちらかといえば、先祖を尊ぶ方ですか、それとも尊ばない方ですか。

　　1　　　　　2　　　　　3　　　　4　　　　　　　　　　5　　　㊻
　尊ぶ方　　尊ばない方　　普通　　その他（記入　　　　　　）　わからない

問12* 子供がないときは、たとえ血のつながりがない他人の子供でも、養子にもらって家をつがせた方が
よいと思いますか、それとも、つがせる必要はないと思いますか。

　　1　　　　　　2　　　　　　3　　　　　4　　　　　　　　　5　　　㊼
　つがせた方　　つがせる必要は　　場合による　　その他（記入　　　　　）　わからない
　がよい　　　　ない

問13　現在、一般的な家庭にとって望ましい子供の数は何人だと思いますか。

㊽　　　　　　　　□ 人　　　　　　　9 わからない

問14　〔カード6〕　ここ1ヶ月の間に次にあげるものに悩みましたか。（かかりましたか。）

　　　　　　　　　　　　　　　　かかったことあり　　な　し
㊾　　　a. 頭痛、偏頭痛(へんずつう) ……………………　1　　　　　　0
㊿　　　b. 背中の痛み ……………………　1　　　　　　0
㊼　　　c. いらいら ……………………　1　　　　　　0
㊽　　　d. うつ状態 ……………………　1　　　　　　0
㊾　　　e. 不眠症 ……………………　1　　　　　　0
　　　　　　　8. その他
　　　　　　　9. わからない

問15　〔カード7〕　あなたと同じ年の人と比べて、あなたの健康状態はいかがですか。

㊾　　　1　非常に満足している　　　　4　満足していない
　　　　2　満足している　　　　　　　5　その他（記入　　　　　　　）
　　　　3　あまり満足していない　　　6　わからない

問16*　〔カード8〕　かりに現在の日本社会全体を、ここに書いてあるように5つの層に分けるとすれば、お宅はこのどれにはいると思いますか。

㊾　　　上　　　　　　　　　　　下　　6　　　　　　　7
　　　　1　2　3　4　5　　　　その他（記入　　　）　わからない

問17*　〔カード9〕　あなたは次のうちどちらが好ましいと思いますか。

㊾　　　1　欲しい物がもっと買えるようになること
　　　　2　自由な時間がもっと長くなること
　　　　3　その他（記入　　　　　　　　　　　　　　　　　　　　）
　　　　4　わからない

問18　もし、一生、楽に生活できるだけのお金がたまったとしたら、あなたはずっと働きますか、それとも働くのをやめますか。

㊾　　　1　　　　　2　　　　　3　　　　　　　　　　　　4
　　　　ずっと働く　働くのをやめる　その他（記入　　　　　　）　わからない

問19　〔カード10〕　仕事について、次の2つの意見があります。どちらがあなたの気持ちに近いですか。

㊾　　　1　いくらお金があっても、仕事がなければ、人生はつまらない
　　　　2　お金があれば、仕事がなくても、人生がつまらないとは思わない
　　　　3　その他（記入　　　　　　　　　　　　　　　　　　　　）
　　　　4　わからない

問20*〔カード11〕　ここに仕事について、ふだん話題になることがあります。
あなたは、どれに一番関心がありますか。

1　かなりよい給料がもらえること (59)
2　倒産や失業の恐れがない仕事
3　気の合った人たちと働くこと
4　やりとげたいという感じがもてる仕事
5　そ の 他（記入　　　　　　　　　　　　）
6　わからない

問21　現在、あなたの一週間の予定を立てるとき、仕事上のことがあなたの個人生活や家庭生活とよくぶつかりますか。

1	2	3	4	
は い	いいえ	その他（記入　　　　）	わからない	(60)

問22*〔カード12〕　人のくらし方には、いろいろあるでしょうが、つぎにあげるもののうちで、どれが一番、あなた自身の気持ちに近いものですか。

(61)
1　金持ちになること
2　名をあげること
3　自分の趣味にあったくらし方をすること
4　のんきにクヨクヨしないでくらすこと
5　清く正しくくらすこと
6　社会のためにすべてを捧げてくらすこと
7　そ の 他（記入　　　　　　　　　　　　）
8　わからない

問23*〔カード13〕　お宅の付近の生活環境について、全体としてどう思っていますか。

1　満足している
2　やや満足している
3　あまり満足していない
4　満足していない
5　その他（記入　　　　　　　　　　）
6　わからない
(62)

問24　〔カード14〕　近所の治安についておうかがいします。次に挙げるようなことで問題になっていることがありますか。

	重大な問題になっている	問題になっている	大して問題になっていない	全然問題になっていない	その他	わからない	
a.「強盗にはいられること」については、どうですか。	1	2	3	4	5	6	(63)
b.「急に襲(おそ)われて身の危険を感じること」については、どうですか。	1	2	3	4	5	6	(64)

問25 〔カード15〕 イソップの童話の中に、怠け者のキリギリスと、働き者のアリの話があります。夏の間歌をうたっていたキリギリスが、冬になって、食べる物がなくなり困ってしまい、夏の間働いていたアリのところにやって来ました。この時のアリの答えには、次のような2つの型があります。あなたは、このお話のむすびとして、この中のどちらがご自分の気持ちにしっくりしますか。

⑥⑤
1 夏の間怠けていたのだから、困るのが当然だと追い返してしまう
2 怠けていたのはいけないけれども、これからはちゃんと働くのですよ、といさめた上で、食べ物をわけてあげる
3 そ の 他（記入　　　　　　　　　　　　　　　　　　　　　　　　　　　）
4 わからない

問26 あなたにとって一番大切と思うものはなんですか。1つだけあげてください。

⑥⑥
（記入）　　　　　　　　　　　　　　　　　　　　　9
　　　　　　　　　　　　　　　　　　　　　　　　わからない

問26b そのほか、非常に大切と思うものをいくつでもあげてください。

⑥⑦
（記入）　　　　　　　　　　　　　　　　　　　　　9
　　　　　　　　　　　　　　　　　　　　　　　　わからない

問27 〔カード16〕 次にあげる生活領域のそれぞれについて、あなたが重要だと思う程度に従って1～7の評価をつけてください。

		重要でない						重要	その他	わからない
⑥⑧	a．まず、「家族や子供」についてはどうですか。…	1	2	3	4	5	6	7	8	9
⑥⑨	b．では、「職業や仕事」についてはどうですか。…	1	2	3	4	5	6	7	8	9
⑦⓪	c．では、「自由になる時間とくつろぎ」についてはどうですか。	1	2	3	4	5	6	7	8	9
⑦①	d．では、「友人、知人」については ………	1	2	3	4	5	6	7	8	9
⑦②	e．では、「両親、兄弟、姉妹、親戚」については …	1	2	3	4	5	6	7	8	9
⑦③	f．では、「宗教」については ………………	1	2	3	4	5	6	7	8	9
⑦④	g．では、「政治」については	1	2	3	4	5	6	7	8	9

問28 〔カード17〕 あなたは自分の家庭に満足していますか、それとも不満がありますか。

⑦⑤
1 満足　2 やや満足　3 どちらともいえない　4 やや不満　5 不満　6 その他（記入　　　　）　7 わからない

問29 〔カード17〕 あなたの生活についておききします。ひとくちにいってあなたは今の生活に満足していますか、それとも不満がありますか。

1	2	3	4	5	6	7
満足	やや満足	どちらともいえない	やや不満	不満	その他(記入)	わからない

⑯

問30* 人の成功には、個人の才能や努力と、運やチャンスのどちらか大きな役割をはたしていると思いますか。

1	2	3	4
個人の才能や努力	運やチャンス	その他(記入)	わからない

⑰

⑱⑲=02

問31 〔カード18〕 次の二つの意見のうち、どちらがあなたの意見に近いですか。

⑳=1
(カード1)

甲：収入が不十分な世帯を国が経済的に面倒をみることは、その世帯に生活の道を与えることになる

乙：収入が不十分な世帯を国が経済的に面倒をみることは、その世帯から責任感を全く奪うことになる

(1)～(7)＝ID
(8)～⑬＝b

1	2	3	4
甲の意見	乙の意見	その他(記入)	わからない

⑭

問32 こういう意見があります。
「世の中は、だんだん科学や技術が発展して、便利になって来るが、それにつれて人間らしさがなくなって行く」
というのですが、あなたはこの意見に賛成ですか、それとも反対ですか。

1 賛成(人間らしさはへる)　　4 その他(記入   )
2 いちがいにはいえない　　　5 わからない
3 反対(人間らしさ、不変、ふえる)

⑮

問33* 小学校に行っているくらいの子供をそだてるのに、つぎのような意見があります。
「小さいときから、お金は人にとって、とても大切なものだと教えるのがよい」
というのです。あなたはこの意見に賛成ですか、それとも反対ですか。

1	2	3	4	5
賛成	反対	いちがいにはいえない	その他(記入)	わからない

⑯

問34* こういう意見があります。
「国をよくするためには、すぐれた政治家がでてきたら、国民がたがいに議論をたたかわせるよりはその人にまかせる方がよい」
というのですが、あなたはこれに賛成ですか、それとも反対ですか。

1 賛成(まかせる)　　　　　　4 その他(記入   )
2 反対(まかせっきりはいけない)　5 わからない
3 いちがいにはいえない

⑰

問35* あなたは、自分が正しいと思えば世のしきたりに反しても、それをおし通すべきだと思いますか、それとも世間のしきたりに、従った方がまちがいないと思いますか。

(18)
1	2	3	4	5
おし通せ	従え	場合による	その他（記入　　　）	わからない

問36 こういう意見があります。
「どんなに世の中が機械化しても、人の心の豊かさ（人間らしさ）はへりはしない」
というのですが、あなたはこの意見に賛成ですか、それとも反対ですか。

(19)
1　反対（へる）　　　　　　4　その他（記入　　　　　　　　　　）
2　いちがいにはいえない　　5　わからない
3　賛成（へらない）

問37 〔カード19〕 つぎのような考え方があります。
「家庭は、ここちよく、くつろげる、ただ1つの場所である」
というのですが、あなたはそう思いますか、そうは思いませんか。

(20)
1	2	3	4
そう思う	そうは思わない	その他（記入　　　）	わからない

問38 〔カード20〕 つぎの3つの意見の中で、どれが一番あなたの意見に近いですか。

(21)
1　離婚はすべきではない
2　ひどい場合には、離婚してもよい
3　二人の合意さえあれば、いつ離婚してもよい
4　そ の 他（記入　　　　　　　　　　　　　　　　　　　）
5　わからない

問39*〔カード21〕 家事や子供の世話について、どうお考えですか。

(22)
1　すべてが女性の仕事である
2　いくつかは女性の仕事である
3　すべての仕事は、男性と女性とで公平に分担すべきである
4　そ の 他（記入　　　　　　　　　　　　　　　　　　　）
5　わからない

問40 「先生が何か悪いことをした」というような話を、子供が聞いてきて、親にたずねたとき、親はそれが本当であることを知っている場合、子供には、
「そんなことはない」といった方がよいと思いますか、それとも
「それはほんとうだ」といった方がよいと思いますか。

(23)
1	2	3	4
そんなことは ないという	ほんとうだ という	その他（記入　　　）	わからない

問41 〔カード22〕 南山さんという人は、小さいときに両親に死に別れ、となりの親切な西木野さんに育てられて、大学まで卒業させてもらいました。そして、南山さんはある会社の社長にまで出世しました。ところが故郷の、育ててくれた、西木野さんが「キトクだからスグカエレ」という電報を受け取ったとき、南山さんの会社がつぶれるか、つぶれないか、ということがきまってしまう大事な会議があります。あなたはつぎのどちらの態度をとるのがよいと思いますか。よいと思う方を1つだけえらんで下さい。

   1 なにをおいても、すぐ故郷に帰る (24)
   2 故郷のことが気になっても、大事な会議に出席する
   3 そ の 他（記入   ）
   4 わからない

問42 〔カード22〕 いまの質問では、恩人が死にそうなときを、うかがいましたが、もしキトクなのが恩人ではなくて、南山さんの親だったら、どうしたらよいと思いますか、どちらかえらんで下さい。

   1 なにをおいても、すぐ故郷に帰る (25)
   2 故郷のことが気になっても、大事な会議に出席する
   3 そ の 他（記入   ）
   4 わからない

問43 〔カード23〕 自然と人間との関係について、つぎのような意見があります。あなたがこのうち真実に近い（ほんとうのことに近い）と思うものを、1つだけ選んでください。

   1 人間が幸福になるためには、自然に従わなければならない (26)
   2 人間が幸福になるためには、自然を利用しなければならない
   3 人間が幸福になるためには、自然を征服していかなければならない
   4 そ の 他（記入   ）
   5 わからない

問44*〔カード24〕 あなたはつぎの意見の、どちらに賛成ですか。1つだけあげてください。

   1 個人が幸福になって、はじめて日本全体がよくなる (27)
   2 日本がよくなって、はじめて個人が幸福になる
   3 日本がよくなることも、個人が幸福になることも同じである
   4 そ の 他（記入   ）
   5 わからない

問45*〔カード25〕 つぎのうち、大切なことを2つあげてくれといわれたら、どれにしますか。

		あり	なし
⑱	a. 親孝行をすること …………………………………	1	0
⑲	b. 恩返しをすること ……………………………………	1	0
⑳	c. 個人の権利を尊重すること ……………………………	1	0
㉑	d. 自由を尊重すること ……………………………………	1	0

㉒　　　　　　5.　その他（記入　　　　　　　　　　）
　　　　　　　6.　わからない

㉝〜㉟＝b　　　　（上の質問では、2つの項目をあげてもらうこと）

問46*〔カード26〕 つぎのうち、あなたはどちらが人間として望ましいとお考えですか。

㊱　　　　1　他人と仲がよく、なにかと頼りになるが、仕事の上ではパッとしない人
　　　　　2　仕事はよくできるが、他人の事情や心配事には無関心な人
　　　　　3　そ の 他（記入　　　　　　　　　　　　　　　　　　　　　　　）
　　　　　4　わからない

問47*〔カード27〕 物事の「スジを通すこと」に重点をおく人と、物事を「まるくおさめること」に重点をおく人では、どちらがあなたの好きな"ひとがら"ですか。

㊲　　　　1　「スジを通すこと」に重点をおく人
　　　　　2　「まるくおさめること」に重点をおく人
　　　　　3　そ の 他（記入
　　　　　4　わからない　　　　　　　　　　　　　　　　　　　　　　　　　　）

問48 〔カード28〕 あなたが、ある会社の社長だったとします。その会社で、新しく職員を1人採用するために試験をしました。入社試験をまかせておいた課長が、
　　「社長のご親戚の方は2番でした。しかし、私としましては、1番の人でも、ご親戚の方でも、どちらでもよいと思いますがどうしましょうか」
と社長のあなたに報告しました。
　　あなたはどちらをとれ（採用しろ）といいますか。

㊳　　　　1　1番の人を採用するようにいう
　　　　　2　親戚を採用するようにいう
　　　　　3　そ の 他（記入　　　　　　　　　　　　　　　　　　　　　　　）
　　　　　4　わからない

問49*〔カード29〕 それでは、この場合2番になったのがあなたの親戚の子供でなくて、あなたの恩人の子供だったとしたら、あなたはどうしますか。（どちらをとれといいますか）

㊴　　　　1　1番の人を採用するようにいう
　　　　　2　恩人の子供を採用するようにいう
　　　　　3　そ の 他（記入　　　　　　　　　　　　　　　　　　　　　　　）
　　　　　4　わからない

資料A　1988年日本調査〔調査票B〕

問50 〔カード30〕 ある会社につぎのような2人の課長がいます。もしあなたが使われるとしたら、どちらの課長に使われる方がよいと思いますか。どちらか1つあげて下さい。

 1　規則をまげてまで、無理な仕事をさせることはありませんが、仕事以外のことでは人のめんどうを見ません　(40)
 2　時には規則をまげて、無理な仕事をさせることもありますが、仕事のこと以外でも人のめんどうをよく見ます
 3　そ　の　他（記入　　　　　　　　　　　　　　　　　　　　　　　　）
 4　わからない

問51* たいていの人は、他人の役にたとうとしていると思いますか、それとも自分のことだけに気をくばっていると思いますか。

 1　他人の役にたとうとしている　(41)
 2　自分のことだけに気をくばっている
 3　そ　の　他（記入　　　　　　　　　　　　　　　　　　　　　　　　）
 4　わからない

問52* 他人は、スキがあれば、あなたを利用しようとしていると思いますか、それともそんなことはないと思いますか。

 1　利用しようとしていると思う　(42)
 2　そんなことはないと思う
 3　そ　の　他（記入　　　　　　　　　　　　　　　　　　　　　　　　）
 4　わからない

問53* たいていの人は信頼できると思いますか、それとも、用心するにこしたことはないと思いますか。

1	2	3	4
信頼できると思う	用心するにこしたことはないと思う	その他（記入　　　　）	わからない

(43)

問54 〔カード31〕 次のような意見がいくつかあります。ご自分の立場や個人的な感情を考えて、「賛成」「やや賛成」「やや反対」「反対」のいずれかで答えて下さい。

 a．まず、「たいていの人は、他人を助けるために多少の努力をすることができる」というのですが、あなたのお考えに近いのはどれですか。

 （以下同様にb～eを聞く）

	賛成	やや賛成	やや反対	反対	その他	わからない	
a．たいていの人は、他人を助けるために多少の努力をすることができる	1	2	3	4	5	6	(44)
b．結びつきが強い地域社会に自分が属していると思う	1	2	3	4	5	6	(45)
c．今日、人は明日のことを心配しないでその日その日を生きざるを得ない	1	2	3	4	5	6	(46)
d．収入を得るための手段の方が、得られる収入よりも大切である	1	2	3	4	5	6	(47)
e．現代は、自分も含めて、人々は孤独で他人から切り離されていると感じることが多い	1	2	3	4	5	6	(48)

問55 〔カード32〕 科学上の発見とその利用は、あなたの日常生活の改善に役だっていると思いますか。

(49)
1 役だっている　　　　　　　　4 その他（記入　　　　　　　　）
2 少しは役だっている　　　　　5 わからない
3 役だっていない

問56 〔カード33〕 コンピュータがいろいろなところに使われるようになり、情報化社会などということが言われています。このような傾向が進むにつれて、日常生活の上で変わっていく面があると思います。あなたは、このような変化をどう思いますか。

(50)
1 望ましいことである
2 望ましいことではないが、避けられないことである
3 困ったことであり、危険なことでもある
4 その他（記入　　　　　　　　　　　　　　　　　　）
5 わからない

問57 〔カード34〕 つぎに読み挙げる事柄についてあなたはどう思いますか。
それぞれについて、この中からお答えください。（a～cについてそれぞれ聞く）

a 病気の中には近代医学とは別の方法で治療したほうがよいものもある。

(51)
1 全くそのとおりだと思う　　　4 決してそうは思わない
2 そう思う　　　　　　　　　　5 その他（記入　　　　　　　　）
3 そうは思わない　　　　　　　6 わからない

b 科学技術が発展すれば、いつかは人間の心の中までも解明できる。

(52)
1 全くそのとおりだと思う　　　4 決してそうは思わない
2 そう思う　　　　　　　　　　5 その他（記入　　　　　　　　）
3 そうは思わない　　　　　　　6 わからない

c 今日我々が直面している経済的、社会的問題のほとんどは科学技術の進歩により解決される。

(53)
1 全くそのとおりだと思う　　　4 決してそうは思わない
2 そう思う　　　　　　　　　　5 その他（記入　　　　　　　　）
3 そうは思わない　　　　　　　6 わからない

問58 〔カード35〕 つぎに挙げることは今後25年の間に実現すると思いますか。
それぞれについてこの中からお答えください。

	多分実現する	実現する可能性は低い	実現しない	その他	わからない
(54) a. まず、「原子力廃棄物の安全な処理方法」についてはどうですか。	1	2	3	4	5
(55) b. 「ガンの治療方法の解明」についてはどうですか。	1	2	3	4	5
(56) c. 「老人性痴呆症（ぼけ）の治療方法の解明」についてはどうですか。	1	2	3	4	5
(57) d. 「宇宙ステーションでの生活」についてはどうですか。	1	2	3	4	5

問59 〔カード36〕 エネルギーの節約について話題になることがしばしばあります。
あなたご自身は、このことは重要な問題だと思いますか。

1 非常に重要である 4 重要ではない
2 重要である 5 その他（記入　　　　　　　　）
3 あまり重要ではない 6 わからない

問60 〔カード36〕 環境の保護は、あなたにとってどのくらい重要な問題ですか。

1 非常に重要である 4 重要ではない
2 重要である 5 その他（記入　　　　　　　　）
3 あまり重要ではない 6 わからない

問61 日本文化ときいて、まず思い浮かべることは何ですか。

（記入）
　　　　　　　　　　　　　　　　　　　　　　　9 わからない

問61b そのほかいくつでもあげて下さい。
何かそのほかにありますか。

（記入）
　　　　　　　　　　　　　　　　　　　　　　　9 わからない

問62 宗教についておききしたいのですが、たとえば、あなたは、何か信仰とか信心とかを持っていますか。

1　　　　　　　　　　　　　　2
もっている、信じている　　　もっていない、信じていない
　　　　　　　　　　　　　　関心がない
↓　　　　　　　　　　　　　↓（問63へ）

問62b （問62で「1　もっている、信じている」と回答した人に）
それは何という宗教ですか。

1 仏　　教　系（記入　　　　　　　　　　）
2 神　　道　系（記入　　　　　　　　　　）
3 キリスト教（記入　　　　　　　　　　）
4 その他の宗教（記入　　　　　　　　　　）
5 わからない

問63 それでは、いままでの宗教にはかかわりなく、「宗教的な心」というものを、大切だと思いますか、それとも大切だとは思いませんか。

(64)
1	2	3	4
大切	大切でない	その他（記入　　　　）	わからない

問64* 宗教について、こんな意見があります。
「宗教にはいろいろあり、それぞれ立場が違うが、けっきょくは、一つのものを説いている」
というのですが、あなたはこの意見に賛成ですか、それとも反対ですか。

(65)
1	2	3	4
賛成	反対	その他（記入　　　　）	わからない

問65 〔カード37〕 政治の立場を明らかにするに当たって、世間ではよく「左（革新）」とか「右（保守）」とかいいますが、あなたはいかがですか。
この目盛りを使ってあなたの政治に対する考え方をお知らせ下さい。

　　　左（革新）　　　　　　　　　　　　　　　　　右（保守）　その他　わからない

(66)(67)　1　2　3　4　5　6　7　8　9　10　　11　　12

問66 〔カード38〕 あなたは政治に関心がありますか。

(68)
1　非常に関心がある　　　　4　全く関心がない
2　まあ関心がある　　　　　5　その他（記入　　　　　　　）
3　あまり関心がない　　　　6　わからない

問67a 〔カード39〕 あなたは「民主主義」について、どう思いますか。
　　　このうち、あなたの意見に一番近いのはどれですか。

(69)
1　よ　い　　　　　　　　4　その他（記入　　　　　　　）
2　時と場合による　　　　5　わからない
3　よくない

　　b 〔カード39〕 では、「資本主義」についてはどうですか。

(70)
1　よ　い　　　　　　　　4　その他（記入　　　　　　　）
2　時と場合による　　　　5　わからない
3　よくない

　　c 〔カード39〕 では、「社会主義」についてはどうですか。

(71)
1　よ　い　　　　　　　　4　その他（記入　　　　　　　）
2　時と場合による　　　　5　わからない
3　よくない

資料A　1988年日本調査〔調査票B〕

d 〔カード39〕 では、「自由主義」についてはどうですか。

　　　1　よ　い　　　　　　　4　その他（記入　　　　　　　）　　(72)
　　　2　時と場合による　　　5　わからない
　　　3　よくない

e 〔カード39〕 では、「保守主義」についてはどうですか。

　　　1　よ　い　　　　　　　4　その他（記入　　　　　　　）　　(73)
　　　2　時と場合による　　　5　わからない
　　　3　よくない

問68 〔カード40〕 日本の民主政治の運営のしかたについてはどうですか。

　　　1　非常に満足　　　　　4　全く不満　　　　　　　　　　　(74)
　　　2　かなり満足　　　　　5　その他（記入　　　　　　　）
　　　3　あまり満足していない　6　わからない

問69 〔カード41〕 現在の日本で、裁判制度はよく機能していると思いますか。

　　　1　非常によく機能している　　4　全然よく機能していない　　(75)
　　　2　かなりよく機能している　　5　その他（記入　　　　　　）
　　　3　あまりよく機能していない　6　わからない

問70 〔カード42〕 労働者と経営者の関係について、次のような二つの意見があります。

　　甲の意見　「労働者と経営者の利害は、全くあい反しているから、労働者と経営者はあくまで戦
　　　　　　わなければならない」
　　乙の意見　「会社がもうかれば労働者の賃金も上がるというように、労働者と経営者の利害は結
　　　　　　局において一致するのだから労働者と経営者は協力しなければならない」

あなたは、このどちらの意見に賛成ですか。

　　　　1　　　　　　　2　　　　　　3　　　　　　　　　　4　　　(76)
　　　甲に賛成　　　　乙に賛成　　　その他（記入　　　　　）　わからない
　　（戦うべき）　（協力すべき）

問71* 〔カード43〕 社会について、つぎの3つの考えのうち、どれがあなたの考え方に1番近いでしょうか。

　　　1　今の社会の構造は、革命によって一挙に変えるべきだ　　　　(77)
　　　2　今の社会の悪いところは、少しずつよくしてゆくべきだ
　　　3　今の社会の体制を、あくまで守り通すべきだ
　　　4　そ　の　他（記入　　　　　　　　　　　　　　　　　　）
　　　5　わからない

問72 日本の社会は、根本的な改革を必要としていると思いますか。

(78)　　　　　1　　　　　　2　　　　　　3　　　　　　　　　　　　4
　　　　　　思う　　　　思わない　　　その他（記入　　　　　）　　わからない
　　　　　　　↓　　　　　　　　　　　　　　　　↳（問73へ）

....

問72b （思うと回答した人に）
　〔カード44〕 では、その変革は漸進的な改革がよいでしょうか、それとも急激な改革がよいでしょうか。

(79)＝b　　　　　1　　　　　　2　　　　　　3　　　　　　　　　　　　4
(80)＝2　　　漸進的な改革　　急激な改革　　その他（記入　　　　　）　　わからない
（カード2）　　がよい　　　　がよい
〈1〉～〈7〉＝ID
〈8〉～〈14〉＝b

問73 しいていえば、あなたのお考えに近い政党はどれですか。

〈15〉　　　1　自民党　　　　5　共産党　　　　8　支持政党なし
　　　　　2　社会党　　　　6　社民連　　　　9　わからない
　　　　　3　公明党　　　　7　その他の政党
　　　　　4　民社党　　　　　（記入　　　　　　）
　　　　　　　　↓　　　　　　　　　　　　　　　　　↳（問75へ）

問74 （政党をあげたなら）あなたのお考えはその政党にどの程度近いでしょうか。
　「非常に近い」「かなり近い」「非常に近いとはいえない」の三段階のうちどれにあたりますか。

〈16〉　　　1　非常に近い　　　　　　4　その他（記入　　　　　　　　）
　　　　　2　かなり近い　　　　　　5　わからない
　　　　　3　非常に近いとはいえない

問75 〔カード45〕 政党についてお伺いします。もし好意も反感も持たない時には50度としてください。もし好意的な気持ちがあれば、その強さに応じて50度から100度のどこかを指してください。また、もし好意を感じていなければ、やはりその強さに応じて0度から50度のどこかを指してください。
1番目は自民党です。自民党についてはどうですか。
　（以下同様に聞く）

〈17〉～〈19〉　自民党　□□□　度　　　　100°─好意的
　　　　　　　　　　　　　　　　　　　　　90
　　　　　　　　　　　　　　　　　　　　　80
〈20〉～〈22〉　社会党　□□□　度　　　　70
　　　　　　　　　　　　　　　　　　　　　60
〈23〉～〈25〉　公明党　□□□　度　　　　50─中間（どちらともいえない）
　　　　　　　　　　　　　　　　　　　　　40
〈26〉～〈28〉　民社党　□□□　度　　　　30
　　　　　　　　　　　　　　　　　　　　　20
〈29〉～〈31〉　共産党　□□□　度　　　　10
　　　　　　　　　　　　　　　　　　　　　0─非好意的

資料A　1988年日本調査〔調査票B〕

<フェース・シート>

ご意見をおうかがいするのはこれで終わりですが、この結果を統計的に分析するために、あなたご自身やご家族のことについて少しおたずねします。

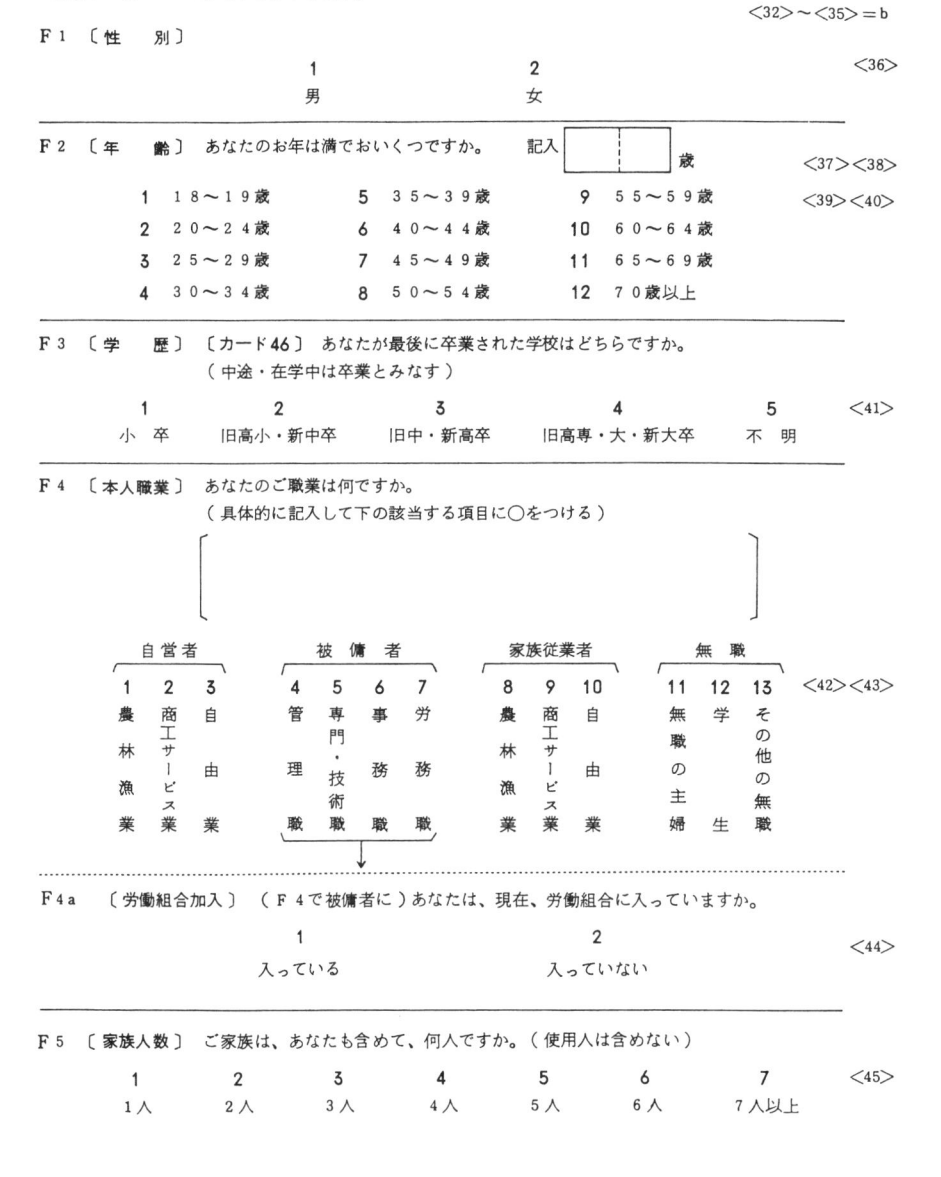

<32>～<35>＝b

F1　〔性　別〕

1	2
男	女

<36>

F2　〔年　齢〕　あなたのお年は満でおいくつですか。　記入 □□ 歳

<37><38>
<39><40>

1	18～19歳	5	35～39歳	9	55～59歳
2	20～24歳	6	40～44歳	10	60～64歳
3	25～29歳	7	45～49歳	11	65～69歳
4	30～34歳	8	50～54歳	12	70歳以上

F3　〔学　歴〕　〔カード46〕あなたが最後に卒業された学校はどちらですか。
　　　　　　　（中途・在学中は卒業とみなす）

1	2	3	4	5
小卒	旧高小・新中卒	旧中・新高卒	旧高専・大・新大卒	不明

<41>

F4　〔本人職業〕　あなたのご職業は何ですか。
　　　　　　　　（具体的に記入して下の該当する項目に〇をつける）

	自営者			被傭者			家族従業者		無職		
1	2	3	4	5	6	7	8	9	10	11	12	13
農林漁業	商工サービス業	自由業	管理職	専門・技術職	事務職	労務職	農林漁業	商工サービス業	自由業	無職の主婦	学生	その他の無職

<42><43>

F4a　〔労働組合加入〕　（F4で被傭者に）あなたは、現在、労働組合に入っていますか。

1	2
入っている	入っていない

<44>

F5　〔家族人数〕　ご家族は、あなたも含めて、何人ですか。（使用人は含めない）

1	2	3	4	5	6	7
1人	2人	3人	4人	5人	6人	7人以上

<45>

F 6 〔世帯構成〕〔カード47〕 お宅のご家族は、このように分類した場合どれにあたりますか。

<46>
1　1人世帯
2　1世代世帯（夫婦だけ）
3　2世代世帯（親と子）
4　3世代世帯（親と子と孫）
5　その他の世帯（祖父母と孫）
6　その他の世帯（　　　　　　　　　　）

F 7 〔世帯内の地位〕 あなたと世帯主との関係をお聞きしたいのですが……。
主としてお宅の生活を支えていらっしゃるのはあなたですか、ほかのかたですか。

<47>
1
対象者本人（実質上の世帯主）
　↳（F9へ）

2
対象者本人以外

F 8 〔世帯主職業〕（主として）お宅の家計を支えている方のご職業は何ですか。
（具体的に記入して下の該当する項目に○をつける）

<48>

自営者
1　農林漁業
2　商工サービス業
3　自由業

被傭者
4　管理職
5　専門・技術職
6　事務職
7　労務職
8　無職

F 9 〔家事担当者〕 家計のきりもりをしているのはあなたですか、ほかのかたですか。

<49>
1
対象者本人（家事担当者）

2
対象本人以外

F 10 〔本人収入〕〔カード48〕 あなたご自身の収入は、去年1年間で、およそどれくらいになりましたか。この中ではどうでしょうか。ボーナスも含め、税込みでお答え下さい。

<50>
1　200万円未満
2　200万円～400万円未満
3　400万円～600万円未満
4　600万円～800万円未満
5　800万円～1,000万円未満
6　1,000万円～1,500万円未満
7　1,500万円～2,000万円未満
8　2,000万円以上
9　収入なし
10　わからない

資料A　1988年日本調査〔調査票B〕

F11 〔世帯収入〕〔カード49〕では、お宅の収入は、ご家族全部あわせて、去年1年間でおよそどれくらいになりましたか。この中ではどうでしょうか。ボーナスも含め、税込みでお答え下さい。

1　200万円未満
2　200万円～　400万円未満
3　400万円～　600万円未満
4　600万円～　800万円未満
5　800万円～1,000万円未満
6　1,000万円～1,500万円未満
7　1,500万円～2,000万円未満
8　2,000万円以上
9　わからない

<51>

F12 〔住宅の所有形態〕〔カード50〕 お住まいはこのようにわけると、どれにあたりますか。

1　持ち家
2　都道府県・市区町村営の賃貸住宅
3　住宅・都市整備公団・供給公社等の賃貸住宅
4　民営の借家または賃貸アパート
5　給与住宅（社宅・公務員住宅など）
6　住宅に間借り
7　会社等の独身寮・寄宿舎
8　その他

<52>

F13 〔乗用車所有〕 お宅では自家用乗用車をお持ちですか。

　　　　1　　　　　　　　2
　　持っている　　　　持っていない

<53>

（どうも長い間ありがとうございました。）

〔調査員記入欄〕

F14 全般的な、調査に対する回答者の態度：

1　興味深げで、協力的
2　協力的だが、とくに興味はなさそう
3　落ち着かず、いらいらしている様子
4　非協力的

<54>

F15 全体として、回答者は、質問の内容がわかったようであったか。

1　よくわかっているようだ
2　大体のところはわかっているようだ
3　あまりよくわかっていないようだ
4　その他
　　（記入　　　　　　　　　　）
5　わからない

<55>

<56>～<79>＝b
<80>＝3
（カード3）

資料 B　1988 年日本調査〔調査票 A〕
　　　　翻訳調の質問文（〔調査票 B〕と異なる項目のみ抜粋）

問1　〔カード1〕　日本人全体の生活水準は、この10年間でどう変わったと思いますか。

　　1　非常によくなった　　　　　5　非常にわるくなった
　　2　ややよくなった　　　　　　6　その他（記入　　　　　　　　）
　　3　変わらない　　　　　　　　7　わからない
　　4　ややわるくなった

問2　〔カード1〕　あなたの生活水準は、この10年間でどう変わりましたか。

　　1　非常によくなった　　　　　5　非常にわるくなった
　　2　ややよくなった　　　　　　6　その他（記入　　　　　　　　）
　　3　変わらない　　　　　　　　7　わからない
　　4　ややわるくなった

問3　〔カード2〕　これから先の5年間に、あなたの生活状態はよくなると思いますか、それとも悪くなると思いますか。

　　1　非常によくなるだろう　　　5　非常にわるくなるだろう
　　2　ややよくなるだろう　　　　6　その他（記入　　　　　　　　）
　　3　変わらないだろう　　　　　7　わからない
　　4　ややわるくなるだろう

問11　あなたはどちらかといえば、普通より先祖を尊ぶ方ですか、それとも普通より尊ばない方ですか。

　　　1　　　　　2　　　　　3　　　　4　　　　　　　　　　　　　5
　普通より　　普通より　　普　通　　その他（記入　　　　　　）　わからない
　尊ぶ方　　　尊ばない方

問12　子供がないときは、血のつながりがない他人の子供を、養子にとって家をつがせた方がよいと思いますか、それとも、つがせる必要はないと思いますか。

　　　1　　　　　　2　　　　　　3　　　　　4　　　　　　　　　　　5
　つがせた方　　つがせる必要は　場合による　その他（記入　　　　）わからない
　がよい　　　　ない

問16　〔カード8〕　かりに現在の日本社会全体を、ここに書いてあるように5つの層に分けるとすれば、お宅はこのどれにはいると思いますか。

　　1　　　2　　　　3　　　　4　　　5　　　6　　　　　　　　　　　7
　　上　　中の上　　中の中　　中の下　下　　その他（記入　　　　）　わからない

資料B　1988年日本調査〔調査票A〕

問17　〔カード9〕　あなたは次のうちどちらが好ましいと思いますか。

1　収入が増えること
2　余暇（自由な時間）が増えること
3　そ の 他 (記入　　　　　　　　　　　　　　　　　　　)
4　わからない

問20　〔カード11〕　ここに仕事について、ふだん話題になることがあります。
あなたは、どれに一番関心がありますか。

1　お金のことを気にしないですむ程よい給料
2　倒産や失業の恐れがない仕事
3　気の合った人たちと働くこと
4　やりとげたいという感じがもてる仕事
5　そ の 他 (記入　　　　　　　　　　　　　　　　　　　)
6　わからない

問22　〔カード12〕　人のくらし方には、いろいろあるでしょうが、つぎにあげるもののうちで、どれが一番、あなた自身の気持ちに近いものですか。

1　一生けんめい働き、金持ちになること
2　まじめに勉強して、名をあげること
3　金や名誉を考えずに、自分の趣味にあったくらし方をすること
4　その日その日を、のんきにクヨクヨしないでくらすこと
5　世の中の正しくないことを押しのけて、どこまでも清く正しくくらすこと
6　自分の一身のことを考えずに、社会のためにすべてを捧げてくらすこと
7　そ の 他 (記入　　　　　　　　　　　　　　　　　　　)
8　わからない

問23　〔カード13〕　お宅の付近の環境や住みやすさについて、全体としてどう思っていますか。

1　満足している　　　　　　　　4　満足していない
2　やや満足している　　　　　　5　その他（記入　　　　　　　）
3　あまり満足していない　　　　6　わからない

問30　いまの社会で成功している人をみて、その人の成功には、個人の才能や努力と、運やチャンスのどちらが大きな役割をはたしていると思いますか。

1	2	3	4
個人の才能や努力	運やチャンス	その他（記入　　　　　）	わからない

問33 小学校に行っているくらいの子供をそだてるのに、つぎのような意見があります。
「小さいときから、お金は人にとって、最も大切なものの1つだと教えるのがよい」
というのです。あなたはこの意見に賛成ですか、それとも反対ですか。

1	2	3	4	5
賛 成	反 対	いちがいには いえない	その他（記入　　　　　　　　）	わからない

問34 こういう意見があります。
「国をよくするためには、すぐれた政治家がでてきたら、国民がたがいに議論をたたかわせるよりは
その人達にまかせる方がよい」
というのですが、あなたはこれに賛成ですか、それとも反対ですか。

　　1　賛成（まかせる）　　　　　　　　4　その他（記入　　　　　　　）
　　2　反対（まかせっきりはいけない）　5　わからない
　　3　いちがいにはいえない

問35 あなたは、自分が正しいと思えば世間の慣習に反しても、それをおし通すべきだと思いますか、それ
とも世間の慣習に、従った方がまちがいないと思いますか。

1	2	3	4	5
おし通せ	従 え	場合による	その他（記入　　　　　　　　）	わからない

問39 〔カード21〕 家事や子供の世話について、どうお考えですか。

　　1　すべてが女性の仕事である
　　2　いくつかは女性の仕事である
　　3　すべての仕事は、男性、女性の区別なくやるべきだ
　　4　そ の 他（記入　　　　　　　　　　　　　　　　　　　　　　　　　）
　　5　わからない

問44 〔カード24〕 あなたはつぎの意見の、どちらに賛成ですか。1つだけあげてください。

　　1　個人が幸福になって、はじめて国全体がよくなる
　　2　国がよくなって、はじめて個人が幸福になる
　　3　国がよくなることも、個人が幸福になることも同じである
　　4　そ の 他（記入　　　　　　　　　　　　　　　　　　　　　　　　　）
　　5　わからない

資料 B　1988 年日本調査〔調査票 A〕

問45　〔カード25〕　つぎのうち、大切なことを2つあげてくれといわれたら、どれにしますか。

	あり	なし
a. 親孝行、親に対する愛情と尊敬 ……………………	1	0
b. 助けてくれた人に感謝し、必要があれば援助する …………	1	0
c. 個人の権利を尊重すること ………………………	1	0
d. 個人の自由を尊重すること ………………………	1	0

　　　　5．その他（記入　　　　　　　　　　　）
　　　　6．わからない

　　　　（上の質問では、2つの項目をあげてもらうこと）

問46　〔カード26〕　つぎのうち、あなたはどちらが人間として望ましいとお考えですか。

　　1　他人と仲がよく、なにかと頼りになるが、仕事はあまりできない人
　　2　仕事はよくできるが、他人の事情や心配事には無関心な人
　　3　そ の 他（記入　　　　　　　　　　　　　　　　　　　　　　）
　　4　わからない

問47　〔カード27〕　物事を決定する時に「一定の原則に従うこと」に重点をおく人と、「他人との調和をはかること」に重点をおく人では、どちらがあなたの好きな"ひとがら"ですか。

　　1　物事を決定するときに一定の原則に従うことに重点をおく人
　　2　物事を決定するときに他人との調和をはかることに重点をおく人
　　3　そ の 他（記入　　　　　　　　　　　　　　　　　　　　　　）
　　4　わからない

問49　〔カード29〕　それでは、この場合2番になったのがあなたの親戚の子供でなくて、あなたが昔世話になった人の子供だったとしたら、あなたはどうしますか。（どちらをとれといいますか）

　　1　1番の人を採用するようにいう
　　2　昔世話になった人の子供を採用するようにいう
　　3　そ の 他（記入　　　　　　　　　　　　　　　　　　　　　　）
　　4　わからない

問51　たいていの人は、他人の役にたとうとしていると思いますか、それとも自分のことだけ考えていると思いますか。

　　1　他人の役にたとうとしている
　　2　自分のことだけ考えている
　　3　そ の 他（記入　　　　　　　　　　　　　　　　　　　　　　）
　　4　わからない

問52　他人は、機会があれば、あなたを利用しようとしていると思いますか、それともそんなことはないと思いますか。

　　　1　他人は機会があれば利用しようとしていると思う
　　　2　そんなことはないと思う
　　　3　その他（記入　　　　　　　　　　　　　　　　　　　　　　　）
　　　4　わからない

問53　たいていの人は信頼できると思いますか、それとも、常に用心した方がよいと思いますか。

1	2	3	4
信頼できると思う	常に用心した方がよい	その他（記入　　　　　）	わからない

問64　宗教について、こんな意見があります。
　　「宗教にはいろいろあり、それぞれ独自の教えを説いているが、そうした教えは、けっきょくは同じものだ」
　　というのですが、あなたはこの意見に賛成ですか、それとも反対ですか。

1	2	3	4
賛成	反対	その他（記入　　　　　）	わからない

問71　〔カード43〕　次にわれわれが住んでいる社会についての考え方が3つ挙げてあります。
　　　あなたの意見に最も近いものを1つ選んでください。

　　　1　われわれの社会の仕組みは、革命によって根本的に変えなければならない
　　　2　われわれの社会は、改革によって徐々に変えていかなければならない
　　　3　われわれの現在の社会は、あらゆる破壊的勢力に対して断固防衛されなければならない
　　　4　その他（記入　　　　　　　　　　　　　　　　　　　　　　　　）
　　　5　わからない

問73　しいていえば、あなたは何党を支持しますか。

　　　1　自民党　　　　5　共産党　　　　　　8　支持政党なし
　　　2　社会党　　　　6　社民連　　　　　　9　わからない
　　　3　公明党　　　　7　その他の政党
　　　4　民社党　　　　　（記入　　　　　　）

　　　　　　　　　　　　　　　　　　　　　　　　→（問75へ）

資料 C　1987 年イギリス調査〔英語調査票〕
（一部抜粋）

Q.11　Would you say you are on the whole more inclined than the average person to respect the memory of your direct ancestors (deceased family members)?

　　　　　　　　　　　　　　　More than the average ·······················
　　　　　　　　　　　　　　　Less than the average ························
　　　　　　　　　　　　　　　About the same ·······························
　　　　　　　　　　　　　　　Other (WRITE IN)＿＿＿＿＿＿＿＿

　　　　　　　　　　　　　　　Don't know ····································

Q.12　If you never had children yourself would you think it desirable to adopt a child in order to continue the family line, even if there is no blood relationship, or do you not think this is important?

　　　　　　　　　　　　　　　Desirable ······································
　　　　　　　　　　　　　　　Undesirable ···································
　　　　　　　　　　　　　　　Maybe/it depends ···························
　　　　　　　　　　　　　　　Other (WRITE IN)＿＿＿＿＿＿＿＿

　　　　　　　　　　　　　　　Don't know ····································

Q.32　Some People say that with the development of science and technology life becomes more convenient, but at the same time a lot of human feeling is lost. Do you agree with this opinion or do you disagree?

　　　　　　　　　　　　　　　Agree ···
　　　　　　　　　　　　　　　Disagree ······································
　　　　　　　　　　　　　　　Undecided/it depends ························
　　　　　　　　　　　　　　　Don't know ····································

Q.33　In bringing up children of primary school age some people think that they should be taught as early as possible that money is one of the most important things in life. Do you agree with this or not?

　　　　　　　　　　　　　　　Agree ···

                                Disagree ·····································
                                Undecided/it depends ·······················
                                Other (WRITE IN)_____

                                Don't know··································

Q 34, Q 35 米国調査と共通のため省略

Q.36 Some people say that however mechanised the world gets nothing can reduce the richness of human feelings. Do you agree with this opinion or do you disagree?

                                Agree ·······································
                                Disagree ····································
                                Undecided/it depends ·······················
                                Don't know··································

Q.37 Do you agree with the following statement: "Home is the only place Where I can relax and feel good"?

                                Yes ···
                                No··
                                Other (WRITE IN)_____

                                Don't know··································

Q.40 Suppose that a child comes home and says he has heard a rumour that his teacher had done something to get himself into trouble. Suppose that the parent knows this is true. Do you think it is better for the parent to tell the child that it is true, or to deny it?

                                Tell the truth······························
                                Deny it····································
                                Other (WRITE IN)_____

                                Don't know··································

SHOW CARD O

Q.41 Imagine this situation. John was orphaned at an early age and was brought up by a kind neighbour who gave him a good education and sent him to a university. Now John has become the managing director of a company. One day he gets a telegram saying that the neighbour who brought him up is seriously ill and asking him to come at once. The telegram arrives as he is going in to an important meeting to decide whether his company is to go bankrupt or to survive. Which of the following things do you think he should do?

        Leave everything and go back home ......
        However worried he might be he should
         go to the meeting ....
        Other (WRITE IN)_____

        Don't know ....

SHOW CARD O

Q.42 Instead of being a kind neighbour suppose it was his real father who was on his death-bed. What should John do then?

        Leave everything and go back home ......
        However worried he might be he should
         go to the meeting ....
        Other (WRITE IN)_____

        Don't know ....

Q.43 米国調査と共通のため省略

SHOW CARD O

Q.44 Please choose from these statements the one with which you agree most?

        If people are made happy then and only
         then will the country as a whole
         improve ....
        If the country as a whole improves then
         and only then can people be made
         happy ....

Inproving the country and making people happy are the same thing ....
Don't know ....

SHOW CARD R

Q.45 If you were asked to choose two out of the following which two would you choose?

CODE TWO ANSWERS	Yes	No
Filial piety/respect for parents	1	0
Repaying people who have helped you in the past	1	0
Respect for the rights of the individual	1	0
Respect for the freedom of the individual	1	0
Other answers (WRITE IN)_____	1	0
Don't know	1	0

SHOW CARD T

Q.47 Which of the following personality types do you like better? (READ OUT)

A: A Person who thinks the most important thing is to follow his principles when making a decision ....
B: A person who thinks the most important thing is to maintain harmony in his relations with others when making a decision ....
Don't know ....

SHOW CARD U

Q.48 Suppose that you are the president of a company. There is a job vacancy and the company carries out an employment examination. The supervisor in charge reports to you saying, "Your relative who took the examination got the 2nd highest grade. But I believe that either your relative or the candidate who got the highest grade would be satisfactory. What shall we do?" In such a case, which person would you employ?

The one with the highest grade ....
Your relative ....

資料C 1987年イギリス調査〔英語調査票〕

Other (WRITE IN)_____

Don't know··

SHOW CARD V

Q.49 In the last question we supposed that the one getting the 2nd highest grade was your relative. Suppose now that the second was the son of someone to whom you felt indebted. Which person would you employ?

The one with the highest grade ············
The son of the person to whom you felt indebted ··
Other (WRITE IN)_____

Don't know··

SHOW CARD W

Q.50 Suppose you are working in a company in which there are two types of boss. Which of these two would you prefer to work for?

A: A man who always sticks to the work rules and never demands any unreasonable work but who, on the other hand, never does anything for you personally in matters not connected with work ···································

B: A man who sometimes demands extra work in spite of rules against it, but who, on the other hand, looks after you personally in matters not connected with work ·······················

Don't know··

SHOW CARD X

Q.54 I am going to read out some things that people have said about life today. As I mention each one would you tell me from the answers on this card how much you agree or disagree. (READ OUT)

	Strongly agree	Agree to some extent	Disagree to some extent	Strongly disagree	Don't know
Most people will go out of their way to help someone else	1	2	3	4	9
I feel I am part of a close-knit local community	1	2	3	4	9
Nowadays a person has to live pretty much for today and let tomorrow take care of itself	1	2	3	4	9
The way you earn money is more important than how much you earn	1	2	3	4	9
Nowadays people like me often feel lonely and cut off from the rest of society	1	2	3	4	9

Q.56 In the future, computers will continue to change our lives. Do you think this is ...... (READ OUT)

         A desirable thing ....
         An understandable but inevitable thing...
       or A regretable and dangerous thing? ......
         Don't know................................

Q.62 a)　米国調査と共通のため省略

ASK ALL

Q.63 Without reference to any of the established religions, do you think that a religious attitude is important or not?

         Important ....
         Not important ....
         Other (WRITE IN)_____

         Don't know................................

Q.64 Some people say that there are many different religions all with their different beliefs, but that really their teachings all amount to the same thing. Would you agree with this or not?

Agree ....
Disagree ....
Other (WRITE IN) _____

_____

Don't know ....

SHOWCARD AB

Q.67 Would you say that you are favourably or unfavourably disposed to each of the following ideas? (READ OUT EACH IN TURN)

	Favourably disposed	It depends	Unfavourably disposed	Don't know
Democracy	1	2	3	9
Capitalism	1	2	3	9
Socialism	1	2	3	9
Liberalism	1	2	3	9

資　　料

J.5295/1　　　　SHOW CARD A

Maintaining order in the nation

Giving the people more say in
　　important government decisions

Fighting rising prices

Protecting Freedom of Speech

J.5295/1　　　　SHOW CARD B

Very much

Somewhat

Slightly

Not at all

J.5295/1　　　　SHOW CARD C

Upper

Upper middle

Middle

Lower middle

Lower

J.5295/1　　　　SHOW CARD D

No matter how much money you have life without work
　is wasted

As long as you have money life isn't wasted even if
　you don't have a job

資料D 1993年オランダ調査〔調査代理店との契約書〕

請負契約書

契約件名　「意識の国際比較における連鎖的調査分析方法
　　　　　の実用化に関する研究」によるオランダ国調査　追加分

契約金額　　金　　〇〇〇〇〇〇〇〇〇〇円也
　　　　　（うち消費税額〇〇〇〇〇円）

上記消費税額は、消費税法第28条第1項及び第29条の規定に基づき、請負代金に103分の3を乗じて得た額である。

　発注者　統計数理研究所　領域統計研究系　人文社会研究部門　吉野諒三　（以下「甲」という。）と請負者　株式会社〇〇〇〇〇〇〇〇〇〇〇〇〇〇〇〇　代表取締役社長〇〇〇〇〇〇（以下乙という。）との間において、別紙実施要項（「意識の国際比較における連鎖的調査分析方法の実用化に関する研究」によるオランダ国調査追加分実施要項）に基づき次の通り請負契約を締結するものとする。

第1条　調査項目等は実施要項の通りとする。

第2条　契約期間は平成5年11月30日から平成6年3月31日までとする。

第3条　請求書は統計数理研究所へ送付するものとする。

第4条　請負代金の支払いは、調査完了後1回払いとし、適法な請求書を受理した日より、30日以内に支払うものとする。
　　　なお、国外における経費の支払金額は契約時の為替レートによる金額とする。ただし、契約時とオランダ国に対して乙が支払を完了した日の為替レートに、変動が生じたときは、その日の為替レートをもって精算をするものとする。

第5条　この契約について疑義が生じた場合には、甲、乙協議の上速やかにこれを解決するものとする。

第6条　この契約に定めのない事項について、定める必要がある場合には甲、乙協議の上定めるものとする。

第7条　この契約についての必要な細目は、文部省発注工事請負等契約規則を準用するものとする。

上記契約の成立を証するため、甲乙は次に記名し印を押すものとする。
この契約書は2通作成し、双方で各1通保有するものとする。

平成5年11月30日

　　　甲　　東京都港区南麻布4－6－7
　　　　　　統計数理研究所　領域統計研究系
　　　　　　　人文社会研究部門　吉野諒三　㊞甲印

　　　乙　　東京都中央区
　　　　　　株式会社
　　　　　　　代表取締役社長　　㊞会社印　　㊞乙印

資料 E　1993年オランダ調査〔調査代理店に提示した仕様書〕

1993.5.12

「意識の国際比較における連鎖的調査分析方法の実用化に関する研究」

によるオランダ国調査実施要領

〔調査仕様〕

〔調査対象〕

1. 母集団：オランダ国在住の18歳以上の者
2. 標本数：1000
3. 抽出法：地域層別二段抽出法
4. 資　料：最近時のPTT（Post Office Board）の発行の住所録資料
5. 層　別：全国の行政単位を層別する

　　イ．範囲　　　　　　　全国
　　ロ．第1次層別単位　　 Administrative regional units
　　　　　　　　　　　　　地域行政単位
　　ハ．層別基準　　　　　地方，都市人口規模
　　ニ．第一次層　　　　　地方×人口規模
　　ホ．調査地域抽出　　　行政単位または地域ブロックの人口規模に比例する大きさによる確率比例抽出
　　ヘ．抽出単位　　　　　地域ブロック（自治体の）
　　ト．抽出枠　　　　　　自治体の地域リスト
　　チ．地域内の個人抽出　在宅率を考慮した地点内ランダムルート法

6. 調査対象者数の割り当て：各層の大きさによる比例割り当て
7. 各地点におけるサンプルの割り当て：抽出された250の各地点に4サンプルづつ割り当てる

　　※各層より複数個の地点を抽出すること
　　※個票には層番号，地点番号のIDを必ずつけること
　　※サンプリングの精度，層別の効果，多段抽出の影響度等を計算できるようにすること

〔調査方法〕

資料

個別面接聴取法

〔調査票〕（別紙調査票案参照）　※確定事項は当所の指示による
1．一般質問項目：80項目（3項目自由回答法）
2．基本属性項目：
　　イ．通常の基本属性項目　（主としてEurobarometer調査の仕様による）
　　　　　性
　　　　　年齢（生年月日）　　　　　　　　そのままプリコード
　　　　　学歴（何年学校に行ったか）
　　　　　在学年数　　　　　　　　　　　　そのまま及びプリコード
　　　　　宗教　　　　　　　　　　　　　　自由回答 or プリコード
　　　　　宗派　　　　　　　　　　　　　　〃
　　　　　教会へ行くか　　　　　　　　　　プリコード
　　　　　収入　個人　　　　　　　　　　　プリコード
　　　　　　　　世帯　　　　　　　　　　　〃
　　　　　支持政党　　　　　　　　　　　　自由回答 or プリコード
　　　　　Ethnic Background　　　　　　　〃　　　　　　　　　※主観的
　　　　　家族数　　　　　　　　　　　　　プリコード
　　　　　家族構成　　　　　　　　　　　　〃
　　ロ．社会・経済的属性項目
　　　　　持家か（住宅形式）
　　　　　主観的階層　　　　　　　　　　　プリコード
　　　　　職業　世帯主　　　　　　　　　　自由回答及びカテゴリ記入（プリコード）
　　　　　　　　本人　　　　　　　　　　　〃
　　　　　労働組合に加入　　　　　　　　　プリコード
　　　　　主観的階級（Class）　　　　　　プリコード　実施可能かどうか検討必要
　　ハ．地域的属性項目
　　　　　居住地・都市規模別　　　　　　　プリコード
　　　　　都市―農村（Urban-Rural）　　　〃　　　　　※コーティング仕様必要確認・
　　　　　層別基準別　　　　　　　　　　　〃　　　　　　検討必要
　　ニ．その他　　標本誤差，非標本誤差の推定，偏りの補正に必要な項目

資料 E　1993 年オランダ調査〔調査代理店に提示した仕様書〕

〔作業手順・作業日程〕
1. 質問項目を翻訳，再翻訳して照合検討，調査票原案作成（7 月中）
2. プリテスト：（目的）翻訳の是非，質問文の理解，質問内容の適切さ，調査実施の質の検討

　　　9 月 15 日〜9 月 25 日実施，対象標本数 30〜50
　　　9 月 25 日〜9 月 30 日までにチェック，検討会
　　　　検討事項
　　　　　イ．質問文の理解と内容の適切さ：修正が必要か否か
　　　　　ロ．その他，DK の出方，取り扱い方検討
　　　　　ハ．調査員に対する指示要領の確認
　　　　　ニ．最終調査票原稿完成（9 月 30 日）
　　　　　　　　　　　　OK は 9 月 30 日迄
3. サンプリング：調査実施準備（9 月 1 日〜9 月 20 日）
　　イ．調査地点の抽出
　　ロ．調査員の割り当て
　　ハ．抽出地点の一覧，抽出地点当たりの標本数（標本属性構成）一覧作成
　　ニ．最終調査票確定，印刷（10 月 10 日）調査票作成
　　ホ．調査員インストラクション（10 月 10 日）指示要領作成
4. 本調査実施：10 月 15 日〜10 月 31 日の期間内
5. 調査票回収，整理，点検，データチェック（クリーニング）：11 月 1 日〜11 月 15 日
　　イ．「その他」回答のコーディング：仕様の検討及び作成
　　ロ．属性項目のコーディング：仕様の検討及び作成
　　　　　学歴
　　　　　支持政党
　　　　　職業
　　　　　地方
　　　　　都市規模
　　　　　都市〜農村
　　　　　収入
　　　　　宗教　　等
　　ハ．自由回答：そのままパンチする
　　ニ．Multi Answer 項目：0，1 型にパンチする
6. データ・パンチ：カードのイメージ（レコード長，ブロック長）

7. MT 仕様：ＥＢＣＤＩＣ　ＣＯＤＥ　9トラック
　　　　　６２５０ＢＰＩ（１６００ＢＰＩ以上）
　　　　　1カラム　0～9（Multi パンチはしないこと，MA は1カテゴリー1バイト．テープマークなし）

〔納品物〕
1. サンプリング仕様
　　イ．抽出地点一覧リスト　行政単位名，人口（有権者数）第1次抽出単位の大きさ
　　　　　　　　　　　　　（人口，有権者数）一覧
　　ロ．層別一覧　基準地域分け，層別地図
　　　　　　　　　各層の抽出地点一覧
　　　　　　　　　各層の割り当てサンプル数（回収数）
　　　　　　　　　各層の属性別一覧（不能理由一覧）
　　ハ．これらに見合う基本統計資料　オランダ統計局の国勢調査資料
2. 調査実施状況一覧
　　イ．調査地点別　属性別一覧，対象地域の範囲の確認出来る地図
　　　　　　　　　各調査地点地図及びランダム・ルート図示（拒否，不在数一覧）
　　ロ．調査可能(回収数)　不能理由一覧（地域・地点別）
　　　　　　　　　地域・地点別回収数
3. Ｍ.Ｔ.及びデータ仕様（データ・フォーマット）
　　　　（個票に層別，地点別 ID ナンバーを付けること）
4. コーティング仕様（各カテゴリの説明）
5. 基本コード一覧（単純集計の OUTPUT 及び各カテゴリの説明）
6. 質問票をワープロで作成しているならば，そのフロッピィディスクのコピーおよび入力機種と入力ソフト名
7. 調査原票（ゼロックス・コピーでも可）
8. 自由回答部分（サンプル ID ナンバーにより Merge 可能にする）のサンプル別書出し(TYPE)およびワープロ打ち込み　入力機種と入力ソフト名
9. 調査員に対する支持要領（ガイドブック等）
10. 調査実施状況の録音が可能であれば，その録音テープ
　　　　※輸送時の紛失事故，あるいは事後の問い合わせに備えて
　　　　　主なもののコピーを保存しておくこと

索　引

ALLBUS　8, 49, 84
BT　20, 47, 53
CLA　4, 73
class interval　34
CREDOC　8, 49, 84
Cultural Link Analysis　4, 73
Eurobarometer　8, 49, 102
GHT モデル　81, 85, 96
GSS　8, 49
ISR　8, 49
ISSP　11, 102
NORC　49, 84
NSF　8
RDD 法　18
SOFRES　8
superculture　95
superculture モデル　81, 89, 96
VA 表示　81, 85, 96
WAPOR　11

ア　行

アラブ語　88

一次元尺度　77
位置の効果　7
因子の順位　75
因子分析法　78

ウェイト　30, 61

英語調査票　142

オムニバス調査　15

カ　行

カード　7
外国語調査票の作成　8
回収率　18, 92
回答数値データの分析　21
回答データの一貫性　38
回答の一致率　81, 96
確率抽出　17
確率比例抽出　17
加重　30
考え方の筋道　23, 76
間隔尺度　24

基準変数　24
偽造データ　88
共通性　97
共通性への一致度　81
局所的比較　77
局所独立性　97
義理・人情の尺度　79, 104

空間的比較　82
クオータ・サンプリング　42
クオータ・サンプル　18
クロス表　13
クロス表分析　23

計量的文明論　95
言語比較調査　87

項目反応理論　97
公理の測定論　46

国民性　4
国民性意識調査　1, 79

サ　行

再翻訳　45, 47, 74
サンプリング方法　10
サンプリング・エラー　17

時系列的比較　79
試験研究 A　4
質問項目の一様性　97
質問項目の選定　6, 74
質問票　7, 46, 48
尺度　74
尺度構成　102
自由回答　21, 24
宗教的態度の尺度　107
13 か国価値観調査　8
順番の効果　7
情報回収率　92
情報回収量　91
職業別コード　78

数量化Ⅲ類　75
数量化理論　2, 75, 79
スプリット・ハーフ方式　27, 87

説明変数　24
1993 年オランダ調査　39, 61, 150
1992 年イタリア調査　34

索引

1971年ハワイ日系人調査　23, 83
1987年イギリス調査　33, 142
1987年ドイツ調査　31
1987年フランス調査　32
1988年日本調査　27, 118, 137
1988年米国調査　29
潜在構造分析　97

層別多段抽出　17
層別抽出　10
相補的統計分析　76
属性カテゴリー　22, 77

タ行

大域的比較　77
タイプ1の場での検討　48, 49, 57
タイプ2の場での検討　48, 50
多次元尺度　77
多段抽出法　10
多変量解析　23, 25

中間回答　20, 80
中間回答傾向の尺度　108
調査員　17
調査機関　11, 16
調査実施　12
調査データの信憑性　88
調査票　45, 100
超文化　95

ディ・ブリーフィング　12
データ回収　12
データ・クリーニング　13
データ分析　13, 21
テスト理論　96

デモグラフィック・データ　13
伝統・近代の尺度　79, 102
電話調査　18

等間隔抽出　17
特別推進研究　4
留置調査　10

ナ行

日本語調査票の作成　6
日本人の国民性　1, 49
日本人の読み書き能力調査　1
日本調査票A　27, 55, 57, 137
日本調査票B　27, 55, 57, 118
人間関係の尺度　79, 104
人情尺度　107

ハ行

バースデイ法　19
バイリンガル回答者　87
パターン分析　60
バック・トランスレーション　8, 20, 47, 53, 65
ハワイ・ホノルル市民1983年調査　49

比較可能性　46
標本抽出計画　27
標本抽出台帳　29
標本調査法　10
標本の代表性　38

フィールド・ワーク　36
フェイス・シート　7, 21
ブラジル日系人調査　31, 82
ブリーフィング　12
ブロック統計　30

文化の連鎖的比較研究　73
分散の相対的大小　75
文脈効果　7

平均的イメージ　97
米国1978年調査　49

翻訳　8, 20, 45, 52, 74
翻訳のゆらぎ　54, 57

マ行

マッチング法　98
マッチング率　98
明確回答率　92
名義尺度　24
面接調査員への指示書　42

モード　96

ヤ行

有意味　46
郵送調査　10

ヨーロッパ9か国価値観調査　8
予備調査　11, 36, 74
予備調査票　62

ラ行

ランダム・ウォーク　35
ランダム・サンプリング　10, 17, 42
ランダム・ルート・サンプリング　19, 34

リッカート尺度　106

連鎖的比較の調査研究　4

著者略歴

吉野 諒三 (よしの りょうぞう)

1955年　神奈川県に生まれる
1980年　東京大学文学部心理学科卒業
1988年　カリフォルニア大学アーヴァイン校認知科学グループ博士課程修了
現　在　文部科学省統計数理研究所助教授（Ph.D. in Psychology）

主な著書
『国民性七か国比較』共著，出光書店

シリーズ〈データの科学〉4
心を測る
――個と集団の意識の科学――

定価はカバーに表示

2001年9月20日　初版第1刷

著　者　吉　野　諒　三
発行者　朝　倉　邦　造
発行所　株式会社　朝　倉　書　店
東京都新宿区新小川町6-29
郵便番号　162-8707
電　話　03(3260)0141
FAX　03(3260)0180
http://www.asakura.co.jp

〈検印省略〉

© 2001〈無断複写・転載を禁ず〉

中央印刷・渡辺製本

ISBN 4-254-12728-6　C3341

Printed in Japan

シリーズ〈データの科学〉 全6巻
林 知己夫 編集

良いデータをどうやって集めるか？どのように分析して現象を解明するのか？
豊富な具体例を駆使し、データの闇のなかで出口を見いだすための指針を示す

1 データの科学
林 知己夫著
A5判 144頁 本体2600円

科学方法論としてのデータの科学／データをとる——計画と実施／データを分析する／他

2 調査の実際
不完全なデータから何を読みとるか——
林 文・山岡和枝著
〔近 刊〕

データの獲得（調査・質問票・精度）／データから情報を読む（特性に基づいた解析他）／他

3 複雑現象を量る
紙リサイクル社会の調査——
羽生和紀・岸野洋久著
A5判 176頁 本体2800円

背景／世界のリサイクル／業界紙に見る／インタビュー／消費者と生産者アンケート／他

4 心を測る
個と集団の意識の科学——
吉野諒三著
A5判 168頁 本体2800円

国際比較調査／標本抽出／実施／調査票の翻訳・再翻訳／分析の実施／調査票の洗練／他

5 文化を計る
文化計量学序説——
村上征勝著
〔続 刊〕

6 データの科学とデータマイニング
大隅 昇・吉村 宰著
〔続 刊〕

上記価格（税別）は2001年8月現在